De mægtige mahavidyaer

Kiran Atma

Published by Ponapan Publications, 2024.

While every precaution has been taken in the preparation of this book, the publisher assumes no responsibility for errors or omissions, or for damages resulting from the use of the information contained herein.

DE MÆGTIGE MAHAVIDYAER

First edition. August 18, 2024.

Copyright © 2024 Kiran Atma.

ISBN: 979-8224691708

Written by Kiran Atma.

Indhold

DEDIKATION

Denne bog er dedikeret til religionsfrihed og trosfrihed, et begreb, der beskytter en persons eller et samfunds ret til at demonstrere religion eller tro gennem undervisning, praksis, tilbedelse og overholdelse, hvad enten det er offentligt eller privat.

Mahadevi, du er lykkebringende og triumferende!

Det er svært at kende dig, kære mor!

Beskytter og vogter med medfølelse.

Vi bøjer os for dig, som legemliggør det hellige ord, der gives i alle ceremonier!

Må den almægtige Gudinde oplyse vores sind. Må vi lære dig bedre at kende, kære Urmoder,

Åh ... Den evige og oprindelige!

INTRODUKTION

Hvad skal man mene om et ekstremt mærkeligt panteon, der omfatter en gudinde, som halshugger sig selv, en anden, som tager imod rituelt forurenede genstande fra rituelt forurenede hengivne, en anden, som sidder på et lig, mens hun trækker i en dæmons tunge, en anden, som har sex på en mandlig ledsager, der ligger på et ligbål, en anden, hvis sofa har fire store mandlige guder fra det hinduistiske panteon som ben, og en tredje, som foretrækker at blive tilbedt i nærheden af ligbrændingsområder med ofringer af den mandlige menneskelige sæd.

Er disse gudinder, kendt som de ti Mahavidyas, underlige opfindelser af ekstreme hinduistiske organisationer, obskure enheder, hvis betydning er underordnet de grundlæggende temaer i hinduistisk spiritualitet?

Skal vi betragte dem som perifere, hvis ikke irrelevante, for hinduismen?

Efter mange års studier og overvejelser synes jeg, at gruppen som helhed har en logik, og at selv dens mest besynderlige medlemmer, når de forstås i deres rette perspektiv, afslører vigtige åndelige sandheder.

Mahavidyas er kendt fra en række kilder. Der er malerier og billeder af gudinderne i mange templer i hele Nordindien. Moderne litografier afbilder dem både sammen og hver for sig.

De er beskrevet i Dhyana-mantraer af liturgiske og kontemplative grunde, og de er emnet for forskellige tantriske udredninger. Siden den tidlige middelalder (omkring det 11. århundrede e.Kr.) er mahavidyaerne blevet anerkendt som en gruppe. Nogle af dem, som f.eks. den frygtindgydende mørke gudinde Kali, er ældre end denne udvikling og er ikke desto mindre velkendte i deres egen ret. Mahavidya er generelt den vigtigste, eller Adi. Kamala, som er identisk med den velkendte guddom Sri Lakshmi, er også medlem af gruppen.

Tara og Tripura-sundari er yderligere to mindre kendte, men langt fra ukendte hinduistiske gudinder, som er berømte både alene og som del af en gruppe. Bagalamukhi, Chinnamasta, Dhumavati og Matahgi bliver derimod sjældent nævnt separat fra Mahavidyas.

Formålet med denne forskning er at overveje Mahavidyaerne som en kollektiv og som individuelle guder. Mahavidyaerne udviser en usædvanlig udvælgelse som gruppe. Det er uklart, hvorfor netop disse 10 gudinder er blevet identificeret med hinanden.

Flere af gudinderne er uklare og har ikke fået nogen videnskabelig opmærksomhed. I visse situationer er de tilgængelige data om specifikke Mahavidyas så få, at det er vanskeligt, hvis ikke umuligt, at rekonstruere deres historie eller få en god idé om deres hengivenhed.

Denne forskning er på mange måder hverken endelig eller afgørende. Jeg håber, at jeg ved at skabe en grundlæggende orden i Mahavidya-traditionen kan opmuntre andre akademikere til at foretage mere omfattende undersøgelser af gruppen og dens individuelle medlemmer.

Flere mennesker - præster, akademikere, kunstnere og praktikere - fortalte mig gentagne gange i løbet af mine Mahavidya-studier, at Mahavidyas er "alle ét".

Nogle gange svarede de på en forespørgsel om betydningen af gruppen som helhed, og andre gange svarede de på et spørgsmål om det unikke ved en bestemt guddom.

Dette svar indikerede ofte, at personen ikke havde et ordentligt svar på spørgsmålet, og at hovedformålet under alle omstændigheder var at se gruppen som en samling af manifestationer af en (eller flere) store gudinder. "Hvorfor kan Bagalamukhi lide gul?" for eksempel. "Hvad betyder navnet Bagalamukhi, og hvad er dets betydning?" "Hvorfor står Kali på Siva?" "Hvad er betydningen af navnet Matahgi?" fremkaldte et forundret blik (hvorfor skulle jeg overhovedet ville vide det?), efterfulgt af en bemærkning om, at alle Mahavidyas er ens: De er alle forskellige manifestationer af den samme gudinde, som kan lide at antage flere former til sin egen fornøjelse og sine tilbeders behov.

Det blev i vid udstrækning opfattet som et formelsvar af den type, som hinduer ofte giver til ikke-hinduer, der er forvirrede over den store variation af guddommelighed, der er repræsenteret i det store hinduistiske panteon.

Men efter en grundig undersøgelse af de forskellige mahavidyaer blev det klart for mig, at bemærkningen "De er alle ét" er afgørende for at forstå betydningen af de enkelte manifestationer og deres tilbedelse.

Tantrasara, Saktapramoda, Saktisamgama-tantra og mange andre tekster, der koncentrerer sig om mahavidyaerne, beskriver hver mahavidya ud fra en bestemt ramme. Det vil sige, at uanset hvor forskellig hun virker fra de andre, er beskrivelsen og hengivelsen til hver gudinde formuleret med meget ensartede ord.

Hun tvinges til at indordne sig under en forudbestemt struktur, der omfatter mindst to centrale komponenter:

(1) en personlig og tantrisk ceremoniel tilgang til guddommen, og

(2) et filosofisk/mytologisk paradigme for Mahadevi (den store gudinde), som den enkelte Mahavidya sammenlignes med eller sidestilles med.

Uanset om saddhakaen (udøveren) tilbeder Kali eller Kamala, om han eller hun ønsker verdslige velsignelser eller åndelig oplysning, styrer etablerede traditioner for tilbedelse, hvordan man nærmer sig gudinden.

Den indviede skal kende, "perfektionere" og recitere gudindens mantra (japa sddhand) gennem hele tilbedelsesritualet; omhyggeligt vælge og "beskytte" et sted for tilbedelse med de rette mantraer og mudraer (håndbevægelser); korrekt forestille sig og interiorisere gudinden; tegne eller omhyggeligt forestille sig og tilbede hendes yantra; påkalde gudindens hymner, herunder hendes hymner med hundrede og tusind navne; og tilbyde hendes standard puja (tilbedelse) i seksten dele.

Det overordnede mål med tilbedelsen har også normative implikationer. Generelt ønsker saddhakaen at identificere sig med den pågældende gudinde, at få en vision af hende og at få en velsignelse fra hendes "lager" af gunst.

Ifølge tilbedelsens logik kan man, hvis man kan blive gudinden, få alt, hvad hun har, hvad enten det er forløsende visdom eller evnen til at dræbe sine modstandere. Denne form for hengivenhed, som kaldes tantrisk (i modsætning til vedisk eller puransk), er meget individuel. Tantriske skrifter understreger den afsondrede praksis.

Gudinde-mantraerne, som er de grundlæggende byggesten i tantrisk tilbedelse og symboliserer gudindernes livskraft, er konstant skjulte og skal afkodes af mennesker med særlig forståelse, før deres præcise komponenter kan forstås.

En guru, en åndelig lærer, som er ekspert og dygtig til at tilbede en bestemt gudinde, formidler den indviede person den pågældende gudindes mantra samt andre elementer af hengivenhed.

Guruen giver kun denne viden efter at have vurderet adeptens evner.

Desuden vælger guruen den gudinde, hvis egenskaber svarer til den indviedes præferencer. Det siges, at guruens overlegne spirituelle opfattelse og forståelse af både den indviede og gudinden bruges til at skabe en perfekt parring. Hun bliver den indviedes egen gudinde, som han eller hun vil bruge et helt livs energi på.

Det er usædvanligt, at en person bliver indviet i mange gudinder. Det er mere almindeligt, at man fokuserer på én gudinde og i hende finder opfyldelsen af alle sine verdslige og åndelige krav. For den indviede forvandles denne gudinde til den store gudinde. Dette bånd mellem gudinden og udøveren er unikt og privat på denne måde. Det vil sige, at kun den hengivne og gudinden (og måske adeptens mester) er klar over dets natur og særegenheder. Den deles ikke med nogen, ikke engang familiemedlemmer.

Lalita-sahasranama, en tidlig hymne med tusind navne til ære for Tripura-sundari i hendes skikkelse som Lalita, er et eksempel på det filosofiske/mytologiske paradigme, som de fleste individuelle Mahavidyas følger. Lalita får forskellige dominerende træk i denne litteratur. Hun omtales på mange forskellige måder og med flere epiteter som den største virkelighed i universet, identisk med filosofiske absolutter som brahman.

Som den ultimative virkelighed har hun ansvaret for de tre primære kosmiske funktioner: skabelse, vedligeholdelse og ødelæggelse. Hendes position som dæmondræber er relateret til hendes rolle som kosmisk dronning. Hun forsvarer planeten og gudernes status ved at tilintetgøre dæmoner, der har vist sig at være for stærke for dem.

I den forbindelse menes hun at overgå eller styrke de store mandlige guder Brahma, Vishnu og Siva, som ofte fremstilles som svage i forhold til de dæmoner, hun bekæmper. Hun identificerer sig med den fysiske skabelse. Hun er skabelsens iboende eller vitale kraft, prakruti. Hun er også kendt som shakti (skabelsens iboende kraft), atman (virkelighedens åndelige element) og purusha (et andet navn for den åndelige del af skabelsen). Hun omtales ofte som Sivas ledsager, og i den egenskab er hun en ideel hustru. Hun har mange gode egenskaber og skænker sine tilbedere velsignelser som f.eks. åndelig opnåelse og oplysning. Hun hævdes også at have grusomme, forfærdelige og skræmmende træk, og hun menes at kunne lide kød, sprut og blod (som alle anses for at være forurenende i hinduistisk religion). Hun er meget smuk at se på og erotisk stærk.

Det er naturligvis forskelligt, hvordan og hvor meget den enkelte Mahavidya lever op til dette paradigme. Som man kunne forvente, skildrer sange til gudinder som Kali og Chinnamasta dem i ret voldsomme toner, mens hymner til Kamala og Bhuvanesvari er ret milde.

Men hver gudinde nærmer sig paradigmet på sin egen måde.

Kalis dhyana-mantraer definerer hende som en, der hverken har rolige eller plejende egenskaber, mens hendes hymner med tusind navne karakteriserer hende som havende begge dele. Dhumavatis dhyana-mantraer antyder, at hun mangler alle gode, velvillige egenskaber, men hendes hymne med tusind navne hævder, at hun har mange af dem.

I betragtning af hendes stærke konnotationer med lykke, frugtbarhed og kongelig magt er det overraskende at opdage voldelige eller forfærdelige elementer i Kamala, men sådanne egenskaber er dog nævnt. I betragtning af beskrivelserne af de fleste mahavidyaer i deres dhyana-mantraer og myterne omkring deres begyndelse er det også uventet, at de alle er tæt forbundet med Durga i hendes position som dæmonjæger. I hendes hymne med tusind navne er hver gudinde, uanset hvor langt hun ellers synes at være fra den store gudinde, involveret i at beskytte den kosmiske orden ved at bekæmpe dæmoner.

Det er bemærkelsesværdigt i betragtning af, hvor forskellige nogle af mahavidyaerne ser ud til at være. Disse passager synes at argumentere for, at i Mahavidyaernes tilfælde er "alle ét". Gruppens oprindelseshistorier understreger ligeledes dette tema og hævder, at alle ti former nedstammer fra en enkelt gudinde (Sari, Kali eller Durga) og er forskellige facetter, aspekter eller avataras af én guddom.

Hymnerne til de forskellige gudinder synes også at formidle denne idé og antyder, at en adept, der dykker dybt nok ned i en af mahavidyaerne, vil opdage dem alle i hende. De er uadskillelige og afspejler flere aspekter af en enkelt, flerdimensionel enhed. Den indviede eller hengivne behøver ikke at tilbede alle ti mahavidyaer for at få deres vifte af fordele eller siddhis. For at realisere alle gaverne skal han eller hun blot opbygge en dyb og langvarig forbindelse med én gudinde.

Men hvorfor skulle nogen overhovedet ønske at blive velsignet af sådanne gudinder? Hvorfor skulle en hinduist gøre sig umage for at komme i kontakt med en ekstravagant eller underlig gudinde? Hvilke fordele kan man få ud af disse unikke gudinder?

Jeg tror, at det er lettere at forstå eller værdsætte mahavidyaerne på grund af deres ekstreme eller chokerende egenskaber. Det er sandt, at nogle af mahavidyaerne er velvillige guder, der forbindes med jordiske velsignelser som rigdom, frugtbarhed og sikkerhed.

Men størstedelen af mahavidyaerne forbindes med marginalitet, uheldige egenskaber, forurening og død; de kan betragtes som antimodeller, især for kvinder. Med antimodeller mener jeg mennesker, hvis roller er i modstrid med accepterede samfundsidealer, -praksisser, -normer eller -paradigmer.

I årtusinder har gudinden Sita, som er den perfekte pati vrata (hustru dedikeret til sin mand), været den mest magtfulde accepterede model for hinduistiske kvinder. I årtusinder er hinduistiske kvinder blevet oplært til at se Sita som et ideal, de kan efterligne i deres eget liv. Sitas ægtefælle er hele hendes liv. Hendes tanker, handlinger, forhåbninger og drømme er alle centreret om ham; hendes eksistens har udelukkende betydning i forbindelse med ham. De fleste

Mahavidyaer er på den anden side enten uafhængige af mænd eller kontrollerer (og af og til nedværdiger) dem på en eller anden måde. Mange af mahavidyaerne synes at håne pati vrata-idealet ved at præsentere en alternativ social rolle, der næsten er den diametrale modsætning. Hvis disse gudinder overhovedet lukker mænd ind i deres nærvær, kræver de at blive betjent af dem.

Flere Mahavidyas udfordrer også den hinduistiske traditions stærke fokus på at undgå forurening.

I Mahavidya-ikonografi og -andagt er døden, som er enormt forurenet i det hinduistiske samfund, et dominerende emne.

Flere Mahavidya-gudinder kan ses på kremeringssteder, hvor de sidder på lig. Flere mennesker bærer eller bærer guirlander af afhuggede hoveder (altid mænd). Flere mennesker udsættes for blodofringer, altid af mandlige ofre. Flere mennesker kan lide blod (som i sig selv er forurenende), kræver det måske og siges nogle gange at være smurt ind i det.

Flere Mahavidya-gudinder er også seksuelt aggressive. Seksuelle væsker betragtes som forurenende i hinduistisk tradition, og Mahavidyas seksuelt potente natur indikerer, at de er forurenede. De ses ofte have samleje, altid i den såkaldte dominerende eller omvendte stilling, det vil sige oven på deres partnere.

Matahgi er for eksempel en gudinde, der nyder snavs og har brug for, at hendes tilhængere bliver besudlet, når de giver hende forurenede genstande, som for eksempel menstruationsblod. På mange måder er gudinden Kali, som almindeligvis omtales som den første af Mahavidyaerne, gruppens prototype i forhold til at være det, jeg kalder en antimodel. Hun hjemsøger kremeringssteder. Hun bærer en krans af afhuggede menneskehoveder, som ofte flyder med blod, der smører hendes krop ind. I en af sine hænder holder hun et nyligt afhugget hoved. Ved sine templer modtager hun blodofre. Hun rejser i form af et spøgelse eller et lig. Hun er næsten altid nøgen. Hun er aggressiv og står ofte på sin mandlige ledsager. Hun er seksuelt stærk og ses have sex, mens hun rider på sin ledsager (som ofte vises liggende på et ligbål). Spøgelser, sjakaler og kvindelige furier er hendes venner. Hendes hår er vildt og utæmmet. Hendes tunge stikker grotesk og brutalt ud og antyder en umættelig, vilkårlig sult og begær.

Kali underminerer, undergraver og håner samfundets status quo, især når det gælder definitionen af korrekt kvindelig adfærd.

Det forekommer mig, at anerkendelsen af antimodellernes frigørende potentiale er en måde at værdsætte Mahavidyas på. Det er et begreb, jeg vender tilbage til flere gange undervejs. Jeg foreslår, at det især er et træk ved tantrisk spiritualitet, men jeg tror også, at det er et afdæmpet motiv i store dele af den ikke-tantriske hinduistiske tradition.

Der er en overbevisning i hinduismen om, at verden, som den ser ud for os, er et skuespil, at der er en del af virkeligheden, som er anderledes, måske forbløffende anderledes, end vores egocentrerede måde at opfatte den på, og som forbliver skjult for vores almindelige perspektiv. Verden er ikke, som vi forestiller os, den er, og jo før vi erkender det, jo hurtigere vil vi vokse mod åndelig udvikling. Som antimodeller er mahavidyaerne opvækkere, himmelske åbenbaringer, der sætter spørgsmålstegn ved hyggelige og behagelige illusioner om, hvordan tingene er i universet.

DE TI MAHAVIDYAER

M ahavidyaernes rækkefølge varierer noget, og det samme
gør de gudinder, der indgår i gruppen.

**Følgende gudinder er dog mest almindeligt forekommende
i nutidige kilder i følgende rækkefølge:**

(1) Kali,

(2) Tara,

(3) Tripura-sundari (Sodasi),

(4) Bhuvanesvari,

(5) Chinnamasta,

(6) Bhairavi,

(7) Dhumavati,

(8) Bagalamukhi,

(9) Matarigi, og

(10) Kamala er de ti mahavidyaer.

De fleste kilder beskriver de ti på følgende måde:

1. Kali er sort, hvilket også er betydningen af hendes navn.
Hun har fire arme og et voldsomt udtryk. Hun står oven på
den liggende krop af guden Siva. Hendes øverste venstre hånd

holder en blødende kødøkse, mens hendes nederste venstre hånd holder et afhugget hoved. Hendes højre overhånd gør tegnet for "frygt ikke", mens hendes højre underhånd skænker velsignelser. Hendes hår er frit og uordentligt, og hun står ofte på en kremeringsplads eller på en slagmark. Hun omtales næsten ofte som den første af Mahavidyaerne og har en fremtrædende position i gruppen. De andre Mahavidyaer siges at komme fra hende og være hendes mange manifestationer i bestemte tekster og omstændigheder.

2. Tara omtales ofte som den anden Mahavidya, og hun ligner Kali af udseende. Hun er sort; hendes venstre fod står på et lig eller på Siva; hun er klædt i tigerskind; hendes hår er svøbt i en lang fletning; hun er tykpandet og har fire lemmer. Hendes venstre hånd holder en kniv og et halshugget kranium, mens hendes højre hånd gør tegn på gunst og frygtløshed. Hun ses ofte stående i midten af et kremeringsbål.

3. Sodasi (også kendt som Tripura-sundari, Lalita og Rajarajesvari) er en smuk 16-årig pige med rød hudfarve. Hun vises nogle gange i seksuelt samspil med Siva. De støttes på en piedestal eller en sofa af guderne Brahma, Vishnu, Rudra og Indra.

Ifølge nogle beretninger er de fire guder, der vedligeholder hendes piedestal, Brahma, Vishnu, Rudra og Yama. Hun menes at sidde på toppen af en lotus, der udspringer af Sivas navle, som ligger under hende. Hendes fire arme er udstyret med en løkke, en gås, en bue og pile.

4. Bhuvanesvari, som menes at give næring til de tre riger,

holder et stykke frugt i en af sine fire hænder, en gås og en løkke i en anden og en gås og en løkke i de to andre. Hendes bryster er enorme og sprøjter med mælk. Hun har en lys hud og et dejligt grin.

5. Chinnamasta brugte et sværd til at hugge sit eget hoved af. Hendes venstre hånd bærer hendes hoved på en tallerken, mens hendes højre hånd holder den klinge, hun brugte til at hugge det af med. Tre blodstråler udspringer fra hendes hals: en kommer ind i munden på hendes afhuggede hoved, mens de to andre kommer ind i munden på to kvindelige venner. Chinnamasta støttes af de kopulerende kroppe af Rati, gudinden for seksuelt begær, og Kama, guden for seksuel lyst. De ligger til gengæld på en lotus eller nogle gange på et ligbål. Chinnamasta (med afskåret hoved) ses ofte siddende overskrævs på Siva og kopulerer med ham, mens han sover under hende. Hendes hår er usoigneret, og hun er nøgen.

6. Bhairavi virker voldsom; hendes vigtigste opgave i den kosmiske proces er ødelæggelse. Hendes hud siges at gløde som millioner af opgående sole. Hun er udsmykket med en kraniekrans og tøj lavet af skind fra dæmoner, hun har myrdet; hendes fødder og bryster er gennemvædet af blod. Hendes fire hænder holder en rosenkrans og en bog, og hun gør tegn for mod og ønskeopfyldelse.

Ifølge Kalika-purana ruller hendes øjne af beruselse, og hun står oven på et lig.

7. Dhumavati er høj, har en bleg hud og et alvorligt, usmilende ansigt. Hun er klædt i hvide klæder med minimal udsmykning,

som om hun er enke. Hendes tøj er beskidt, og hendes hår er usoigneret. Hendes tænder mangler, hendes bryster er lange og hængende, og hendes næse er stor og skæv. Hun er sulten og tørstig, har en kværulerende personlighed og sidder på en krage eller i en vogn. Hun svinger en kurv og af og til en trefork.

8. Bagalamukhi, "hun, der har hoved som en trane", sidder som regel på en trone af diamanter, som nogle gange står midt i en vandmasse. Hun er iført en gul sari. Hun har en kølle i den ene hånd og forbereder sig på at slå en mørkklædt fjende med den. Med den anden hånd trækker hun ham i tungen. Nogle gange sidder hun på et lig, og andre gange har hun hovedet af en trane, eller en trane er hendes vogn eller vahana.

9. Matarigi kan have mange former. Hun er som regel en smuk ung dame med mørk eller ibenholtfarvet hud. Hendes lange hår er prydet med månen, og hun sidder på en diamanttrone. Hun er elegant klædt i en kappe med en blomsterkrans. Hendes fire hænder holder en gokke, en løkke, et sværd og en kølle. Hendes øjne siges at være fulde af begær.

10. Kamala er en smuk ung dame med en gylden hudfarve. Hun sidder på en lotus og holder lotusblomster i hænderne, mens to elefanter flankerer hende og hælder vandkander over hende. Hun er utvivlsomt en manifestation af gudinden Lakshmi, hvis populære tilnavn er Kamala, som betyder "lotus".

Denne liste over Mahavidyas er ikke statisk. Kali, Tara, Chinnamasta, Bagalamukhi, Tripura-sundari (Sodasi) og Dhumavati er stort set altid med på Mahavidya-lister eller -portrætter, selvom de andre ofte er fjernet. Velkendte gudinder som Durga, Annapurna (hende, der er fuld af mad) og Kamakhya (hende, hvis øjne indikerer begær) er nogle gange med på listen, som det er tilfældet med Camunddtantra.

Til tider dukkede obskure guddomme som Vasali, Bala og Pratyarigiras op.

Desuden varierer rækkefølgen af mahavidyaerne, men Kali nævnes generelt altid først, og Tara nævnes næsten altid som nummer to. Antallet af mahavidyaer varierer også. Niruttara-tantra nævner 18 mahavidyaer, men Naradapancaratra hævder, at der er syv millioner mahavidyaer.

MAHAVIDYAS I LITTERATUR OG IKONOGRAFI

M ahavidyaerne findes mest i tantrisk litteratur og nogle få sene sakta- og upa-puranaer (mindre, senere eller sekundære puranaer). Tantraerne indeholder meget lidt fortælling om mahavidyaerne. De handler primært om at forklare, hvordan man tilbeder mahavidyaerne, og går ikke ind i betydningen af deres symbolik eller de fortællinger, der involverer dem.

En traditionel tantrisk behandling af en Mahavidya begynder med hendes mantra, som siges at symbolisere hendes essens; en hengiven, der ønsker gudindens gunst eller magt, skal gentage det gentagne gange. Gudindens dhyana (meditations)-mantra beskriver derefter hendes fysiske udseende i detaljer; den hengivne skal gentage denne beskrivelse af gudinden i sine tanker, mens han eller hun rituelt nærmer sig hende. Digtet indeholder også gudindens rahasya (essens eller hemmelighed), som generelt er den samme som hendes dhyana-mantra. Det indeholder også en liste over hendes kvaca (rustning), som generelt er i form af en bøn om at forsvare sin hengivne fra alle sider.

En tantra indeholder ofte gudindens nama stotra, som er en liste over hendes navne eller tilnavne. Det forklarer ofte hendes yantra (et skematisk billede bestående af cirkler, trekanter og stiliserede lotusblomster) samt instruktioner til at bygge og meditere på den. Derudover giver skrifterne nogle gange instruktioner til regelmæssig puja (tilbedelse), hvor forskellige genstande præsenteres for gudinden. Kun nogle få sene skrifter i puranisk litteratur henviser til Mahavidyas.

De indeholder dog meget omfattende legender om mahavidyaernes oprindelse som gruppe. Disse myter er vigtige, fordi de giver en fortolkningsramme for gruppen som helhed. Mahavidyaerne er også nævnt i mange gudindehymner. De er nævnt i Durga-chalisa, en berømt hymne på 40 vers til gudinden Durga. Kamakhya-chalisa nævner dem også.

Ifølge en hymne til gudinden Gariga er hendes inkarnationer mahavidyaerne Tara, Dhumavati, Matarigi og Bhairavi. Inddragelsen af sådanne sange tjener til at indikere, at den primære guddom, der hyldes - for eksempel Durga, Kamakhya eller Gariga - optræder i mange former i hele universet, og at alle gudinder blot er aspekter af hende. I gudindetempler vises Mahavidyas ofte som en gruppe. Deres afbildninger er ofte malet på tempelvæggene, men de kan også være portrætteret af sten- eller metalfigurer. Den ledende gudinde i det tempel, hvor mahavidyaerne er repræsenteret, er nogle gange en af dem. Mahavidyaerne er f.eks. malet på væggene i garbha grba, det indre helligdomskammer, som rummer et billede af Daksina-kali i Shimlas Kali-bari-tempel, der er viet til gudinden Kali.

Blandt Mahavidyas er Kali selv. I et Dhumavati-tempel i Varanasi er Mahavidyaerne ligeledes malet på indersiden af ydervæggene og indeholder den sædvanlige gruppe. I Lakshmi Kund-templet i Varanasi er billeder af mahavidyaerne, herunder Kamala (en version af Lakshmi), malet rundt om hovedindgangens indvendige dørkarm. I visse situationer er mahavidyaerne repræsenteret i templer, der er viet til andre gudinder end mahavidyaerne. Billeder af mahavidyaerne er ætset på søjlerne i en port ved Naina-devi-templet i Himachal Pradesh-distriktet Bilaspur. De er afbildet på de indre vægge i et tempel dedikeret til Caral-devi-mata i Siddhapur, Himachal Pradesh, i udkanten af Dharmsala. Caral-devi er en lokal gudinde, hvis tempel blev bygget af lastbilchauffører, der søgte beskyttelse til deres fagforeningsbygning. Mahavidyaerne er malet på de indvendige vægge i den største helligdom i et Camunda-devi-tempel omkring femten kilometer fra Dharmsala.

Ifølge en inskription var gudinderne repræsenteret i overensstemmelse med Sakta-pramoda, en velkendt litteratur, der skildrer mahavidyaerne. Da jeg spurgte, hvorfor Mahavidyaerne var repræsenteret i templet, sagde præsten, at Camunda-devi var en manifestation af Kali, Mahavidyaernes leder. I hans optik er dette tempel et eksempel på, at Mahavidyaerne optræder som en gruppe i et tempel, der er viet til en af dem.

Men i hinduistisk litteratur skelnes der næsten konsekvent mellem Camundadevi og Kali, og de ser forskellige ud. Yderligere to templer, hvis hovedgud ikke er en Mahavidya, er vigtige, fordi de er knyttet til Sat! og Mahavidyaernes tilblivelse. I Jvalamukhi-devi templet i Himachal Pradesh er Mahavidyaerne afbildet på væggene i en stor pavillon, der er adskilt fra hovedhelligdommen, som rummer et billede af Durga. Jvalamukhi-devis tempel hævdes at være det sted, hvor gudinden Satis tunge faldt ned, da Vishnu splittede hendes lig ad, og det er et af de sakta pithas eller hellige gudinde-steder, der er fordelt over hele Indien.

Derfor er Jvalamukhi forbundet med Sati, der, som vi vil se nedenfor, hævdes at være grundlæggeren af Mahavidyas i visse legendariske fortællinger. På samme måde hævdes det, at Saris yoni (vulva) er faldet til jorden ved den berømte Kamakhya-devi-helligdom nær Guwahati i Assam. På den bjergside, hvor hovedtemplet ligger, kan man se små helligdomme for hver af mahavidyaerne. Mahavidyaerne er afbildet på store vægmalerier i en alkove kaldet shakti bhavan i Kangras Bajresvari-devi-tempel. Amber Fort, som ligger cirka 11 kilometer øst for Jaipur i Rajasthan, omfatter et tempel dedikeret til Sila-devi; en massiv dobbeltdør ved templets hovedindgang forestiller de ti Mahavidyaer." De er malet i en række på en af de indre vægge i hovedhelligdommen i Durga Saptasati-templet i Nagawa, lige syd for Varanasi. Mahavidyaerne er også afbildet i basrelief på ydervæggene i Ramakrishna Math-templet i Varanasi.

Templer viet til Mahavidyaerne selv er efter min erfaring sjældne. Faktisk var jeg kun i stand til at finde ét. Et beskedent tempel viet til Dasamahavidyas kan ses i Cossipore, nord for Calcutta, nær kremeringsstedet ved Hoogly-floden. Det har 10 (dasa) Mahavidya-billeder. Sodasi er i midten og den største i gruppen. Bagala, Matarigi, Kamala og Dhumavati er til højre for hende, fra længst væk til tættest på. Kali, Tara, Bhuvanesvari, Bhairavi og Chinnamasta er på hendes venstre side, fra tættest på til længst væk. Templet har mange lingams (fallos), som antyder Sivas tilstedeværelse og hans forhold til mahavidyaerne. Mahavidyaernes tilstedeværelse i Kamakhya-templet i Kamarupa, Assam, er usædvanlig i betragtning af stedets rigdom og mangfoldighed af billeder.

Ifølge forskellige kilder er dette tempel et vigtigt sakta-center, da det var her, Satis yoni faldt til jorden, og derfor hendes adi pitha (det oprindelige sæde). Det er også tæt forbundet med Mahavidyas. Mahavidyaerne Sodasi, Matarigi og Kamala er repræsenteret af sten-yonier i hovedtemplet. Faktisk forveksler nogle informanter Kamakhya med Sodasi. De andre mahavidyaer (og andre gudinder) har beskedne helligdomme eller templer i nærheden.

Flere af disse mindre helligdomme indeholder Siva-lingamer. Tara-templet er ret massivt og ligner den store helligdom. Billeder af de andre ni mahavidyaer kan ses på væggene nær loftet i Bhairavi-templet. De centrale fremstillinger af Mahavidyaerne i disse helligdomme er normalt ikke antropomorfe og kan være svære at se, fordi de er skjult af blomster, tøj eller offergaver eller befinder sig i underjordiske huler, som kun er åbne for darsan (beskuelse af hengivne) ved særlige lejligheder. Dette billede er nogle gange en yoni og er forbundet med en kilde (som det er i hovedhelligdommen). Mahavidyas er fremtrædende i Bengalens to store gudindefestivaler, Durga Puja (Navaratra) og Kali Puja (Divali).

Tusindvis af enorme lerafbildninger af Durga som Mahisamardini (dræberen af bøffelmonsteret Mahisa) bliver bygget under Durga Puja. Disse billeder er ofte en del af et større tableau, som også indeholder gudinderne Sarasvati og

Lakshmi samt guderne Ganesa og Kartikeya. I traditionelle afbildninger af dette himmelske tableau omgiver et halo-lignende panel kendt som calcitra (bogstaveligt talt "tagbillede") og omgiver den primære figur af Durga. Denne ramme indeholder hinduistiske mytologiske guder eller landskaber. Den afbilder ofte Mahavidyas, hvilket giver en stærk fornemmelse af, at de er forskellige manifestationer af gudinden Durga.

Under Kali Puja bygger tilbedere over hele Bengalen lerfigurer af Kali. Figurerne vises ofte i et tableau, der inkluderer Siva, Ramakrishna og Bamakhepa (to fremtrædende bengalske Kali-tilbedere) eller en hvilken som helst komponent i Kalis mytologi eller ikonografi. Kalis tableau er blevet udvidet til at omfatte de andre Mahavidyas. Under Kali Puja var jeg vidne til to tilfælde af dette. Begge sæt Mahavidya-statuer var opstillet i centrum af Calcutta med Kali i midten af rækken af 10 gudinder. Hendes billede var meget større end de andres, og det var tydeligt, at hun havde kommandoen. En af pandalernes tjenere omtalte faktisk Mahavidyas som "de ti Kalis". Malerierne var for det meste nøjagtige gengivelser af tantriske dhyana-mantraer, der viser Mahavidyaernes udseende.

MAHADEVI AVATARER

Både litterære og ikonografiske tekster giver en fornemmelse af, at de ti mahavidyaer er forskellige manifestationer af en overordnet, transcendent feminin virkelighed kendt som Mahadevi (den store gudinde). Mange sakta-skrifter antager, at den største virkelighed er den store gudinde, og at denne uendeligt store enhed præsenterer sig selv på en række forskellige måder. Faktisk er dette muligvis det vigtigste aspekt af hinduistisk sakta-teologi i disse bøger.

I flere fortællinger fra sakta-litteraturen beskrives en gudinde eller gudinden som en, der føder nye gudinder fra sin egen krop. Under sådanne omstændigheder erklærer hun ofte, at hun tager forskellige former på forskellige tidspunkter for at bevare kosmisk ligevægt, for at velsigne en bestemt hengiven eller af lyst eller glæde. Teologisk set manifesterer den ultimative virkelighed, som er feminin i sin essens og form, sig på en lang række måder af forskellige årsager. Nogle traditioner hævder endda, at hvor som helst et kvindeligt væsen lever, manifesterer gudinden sig og viser sig i enhver feminin form. I Mahavidyaernes tilfælde er dette motiv stærkt og tydeligt. Deres tilstedeværelse i devi-templer synes at indikere, at "gudinden, der er nedfældet på dette sted, antager mange former." Mahavidyaerne er den fysiske manifestation af begrebet "mange former". I tilfælde af gudinder, der er forbundet med et bestemt sted og ikke er generelt kendt uden for deres samfund, giver tilknytningen til Mahavidyas dem en kosmisk, global og transcendent kvalitet. Mahavidyaernes tilstedeværelse i et gudindetempel forbinder en lokal eller regional gudinde med en mytologi eller symbolsk ramme for hele Indien, hvilket giver hende prestige.

Der er tegn på, at Vishnus 10 avataraer ("nedstigninger" eller inkarnationer) tjener som model for de ti Mahavidyaer som manifestationer af Mahadevi; det vil sige, at Mahavidyaerne afspejler en sakta-version af Vaisnava-konceptet. Når mahavidyaerne sammenlignes med Vishnus avataraer, understreges deres position som vogtere af den kosmiske og moralske orden. Deres gode, verdensunderstøttende personligheder fremmes både individuelt og kollektivt. For eksempel opregner Guhyatiguhya-tantraen Mahavidyaerne og forbinder hver af dem med en af Vishnus avataraer: Kali hævdes at have forvandlet sig til Krishna, Chinnamasta til Narasimha og så videre. De 10 mahavidyaer er også forbundet med de ti avataraer ifølge Todala-tantraen.

Ifølge en Tara-artikel på hindi er de ti avataraer skabt af Mahadevis fingernegle, og Mahavidyaerne, som også er hendes former, er skabt til at hjælpe med at overvinde adharma (ondskab eller umoral). De 10 Mahavidyas sammenlignes med de ti avataras i Mundamala-tantraen. En moderne hindi-tekst relaterer Mahavidyaerne til avatarerne."

En anden moderne hindi-litteratur om tantra hævder, at Mahadevi antager mange former for at bekæmpe dæmoner fra tid til anden, og Mahavidyas er en af disse former. De to grupper er også forbundet ikonografisk. De 10 avataraer er udskåret på to ydervægge, fem på hver side, i Ramakrishna

Math-templet i Varanasi. Mahavidyaerne kan ses på de to andre vægge. Sammenstillingen af de to grupper antyder, at mahavidyaerne er de feminine ækvivalenter til de ti avataraer.

Swami Sadhananda Shastri, en sakta-tilhænger og lærer i Varanasi, fortalte mig, at mahavidyaerne svarer til "avatarerne" (jeg sætter udtrykket i anførselstegn, fordi flere af de eksempler på mandlige guddomme, han nævnte, faktisk ikke er Vishnu-avataraer): Bagalamukhi er Vamana, Kamala er Vishnu, Kali er Krishna, Tara er Rama, Bhairavi er Rudra Han sagde, at mahavidyaerne, ligesom Vishnus avataraer, blev skabt til at tjene velgørende formål i verden. Tara blev for eksempel dannet for at bekæmpe Ramas ødelæggelse af den tihovedede Ravana. Den store gudinde antog Taras skikkelse for at dræbe den tusindhovedede Ravana, som kun kunne tilintetgøres af en kvinde. Kali, fortsatte han, blev skabt til at fortære og drikke blodet fra de dæmoner, der truede jorden, og Chinnamasta blev skabt til at narre dæmonerne ved havets oprøring, så de ikke fik deres del af udødelighedens nektar. Chinnamasta stjal deres del af nektaren, drak den og myrdede derefter sig selv for at fratage dem den. Sodasi blev skabt for at opildne Siva til seksuel aktivitet, så hans kreative energier kunne oplive verden. Bhuvanesvari blev dannet for at bevare verden, da den blev nedsænket i det kosmiske hav, og tjener derfor i samme egenskab som Vishnus vildsvineavatara. Kamala blev grundlagt for at dele rigdomme over hele kloden.

Ifølge Swami Shastri blev Matarigi, som er den samme som Sarasvati, skabt for at udbrede musik og uddannelse og for at hjælpe mennesker med at tilegne sig befriende viden (jnana). Bagalamukhi blev designet til at immobilisere modstandere.

Dhumavati blev opfundet for at inficere mennesker. Selv om det måske ikke ser ud til at være en særlig positiv kosmisk rolle, kan vi forestille os, at Dhumavati spreder sygdom for at straffe de onde og støtte den moralske orden. Selvom et vigtigt aspekt af sakta-teologien understreger Mahadevis rolle i opretholdelsen af den kosmiske orden, og Mahavidyaerne nogle gange sammenlignes med Vishnus avataraer, som spiller positive kosmiske roller, synes de fleste tantriske og puranske tekster, der nævner dem, kun at være tangentielt forbundet med denne type aktivitet. Som vi vil se, synes fokus ikke at være så meget på at bevare den kosmiske orden og tilintetgøre dæmoner, som det er på de mange forskellige former, Mahadevi antager, og i forlængelse heraf påstanden om, at hun trænger ind i alle virkelighedens elementer via sine mange former.

Eksistensen af 10 Mahavidyas som en gruppe synes dog bedst at kunne forklares med henvisning til Vishnus ti avataras, som er en gammel, velkendt og populær del af den hinduistiske mytologi. I virkeligheden understøttes denne teori af tekster og nutidige kilder.

AVATARER AF SATI

Kun to af de fem versioner af Mahavidyas oprindelse er solidt dokumenteret i litterære kilder. Vi starter med den mest grundige version. De ti mahavidyaers oprindelse fortælles som en del af beretningen om Daksas ofring i Mahabhagavata-purana og Brhaddharma-purana, begge sene sakta upa-puranaer, som muligvis er produceret i det østlige Indien efter det 14. århundrede e.v.t. Denne historie er gammel i hinduistisk kultur og er almindeligt kendt i hele Indien. Det er også en vigtig sakta-myte, der tjener som prolog til skabelsesberetningen om sakta-pithaerne, som er hellige steder for gudindedyrkelse i hele Indien. Mahavidyaerne optræder ikke i tidligere versioner af fortællingen; de dukker op for første gang i disse to forholdsvis sene puranaer. Ved at inkorporere deres oprindelse i denne fortælling har forfatterne af disse skrifter naturligvis givet mahavidyaerne betydelig prestige, da myten er alment kendt og grundlæggende for sakta-mytologien.

Det følgende er en beskrivelse af Mahavidyas oprindelse i Brhaddharma- og Mahabhagavata-puranaerne. Daksa besluttede sig engang for at foretage et stort offer. Bortset fra sin datter, Sati, og svigersøn, Siva, inviterede han alle himlens guder og gudinder. Daksa kunne ikke lide Siva på grund af hans mærkelige vaner og asociale personlighed. Siva, den prototypiske yogi, holdt af at bo i ensomme områder og på krematorier, omgivet af spøgelser og nisser. Når han ikke gik nøgen rundt, iførte han sig dyreskind. Han dryssede ofte aske på sin krop og tilbragte tid alene i meditation. Daksa syntes ikke, at han var en passende ægtefælle til sin datter, og derfor inviterede Daksa med vilje hverken ham eller Sati til sin ofring. Siva var ligeglad med afvisningen, men Sati blev rasende og lovede at ødelægge sin fars ofring for at skælde ham ud. Siva forbød hende derimod at tage med.

Fortællingen afviger nu fra tidligere versioner ved at inkludere en forklaring på Mahavidyas' tilblivelse. Sati bliver rasende, da Siva forbyder hende at deltage i ofringen og beskylder ham for at have forladt hende. Hendes øjne bliver blodrøde og blændende af raseri, og hendes lemmer ryster. Siva lukker øjnene, da han er vidne til hendes raseri. Da han åbner dem, dukker en skræmmende kvinde op foran ham. Hun bliver meget ældre, mens han stirrer på hende, og hendes smukke udseende falmer. Hendes hud bliver varm, og hendes hår bliver pjusket, hendes læber er klistret til med sved, og hendes tunge hænger ud og begynder at bølge fra side til side. Hun er nøgen bortset fra en krans af afhuggede hoveder, som hun bærer som en krone. Hun stråler som en million opgående sole foran Siva og fylder universet med jordrystende latter. Siva er skrækslagen og forsøger at flygte. Han løber i alle retninger, men pludselig griner den frygtelige gudinde, og Siva er for skrækslagen til at bevæge sig. Sati fylder retningerne omkring ham med ti forskellige former (Mahavidyas) for at sikre, at han ikke trækker sig tilbage fra hendes forfærdelige form. Da Siva spørger, hvem disse gudinder i Mahabhagavata-purana er, svarer Sati, at de er hendes "venner".

Uanset hvor Siva går eller kigger hen, ser han en skræmmende skikkelse, og hans panik vokser. Han står der og lukker øjnene, ude af stand til at gå. Da han åbner dem, ser han en smilende kvinde med et ansigt så smukt som en lotusblomst. Hun er sort, har enorme bryster og er nøgen. Hendes hår er usoigneret, men alligevel skinner hun med lyset fra en million sole. "Hvor er min elskede Sati?" spørger Siva. "Kan du ikke se Sati stå foran dig?" svarer hun. Siva spørger derefter om identiteten på de andre gudinder, der omgiver ham, og får følgende navne: Kali, Tara, Kamala, Bhuvanesvari, Chinnamasta, Sodasi, Sundari, Bagalamukhi, Dhumavati og Matarigi.

Kali er foran Siva (mod syd), Tara er over ham, Chinnamasta er til højre for ham (vest), Bhuvanesvari er til venstre for ham (øst), Bagala er bag ham (nord), Dhumavati er mod sydøst, Tripura-sundari er mod sydvest, Matarigi er mod nordvest, og Sodasi er mod nordøst. Mahabhagavata-purana (77.4-11) nævner Mahavidyas i relation til gudinden Kamakhya, som er forbundet med Kali. Kamakhya (eller Kali) sidder i midten på et lig, der ligger på en lotus, der hviler på en løve. I teksten identificeres liget som Siva, lotusen som Brahma og løven som Vishnu, hvilket antyder, at gudinden støttes af de tre vigtigste mandlige guddomme i det hinduistiske panteon. Mahavidyaerne omgiver den primære figur, som vender mod syd.

Ingen af disse Mahavidya-opremsninger fokuserer på deres unikke udseende eller egenskaber. Brhaddharma-purana antyder, at Tara symboliserer tid, og at Chinnamasta er afmagret og forfærdelig, men de to bøger holder sig for det meste til generaliseringer om gruppen som helhed. Sati, i sin forfærdelige, sorte form, som ofte formodes at repræsentere

Kali, informerer i begge versioner Siva om, at disse 10 gudinder er hendes mange former. "Alle disse figurer er mine fremragende former, og jeg eksisterer i en række forskellige former."

Mahavidyaerne hævdes at bringe strid og uenighed blandt mennesker, men også at give åndelig frigørelse (moksa) i Brhaddharma-purana. De siges også at give kræfterne marana (evnen til at forårsage en persons død blot ved at ønske det), uccatana (evnen til at gøre ens fjende syg blot ved at ønske det), stambhana (evnen til at immobilisere en person), kontrol over en andens tale, evnen til at forblive ung, mens man får en anden til at blive gammel, og evnen til at tiltrække en anden til sig selv.

Ifølge Brhaddharma-purana, da Brahma skabte universet, og Vishnu opretholder det, bruger de mahavidyaernes evner "som to arme". Disse hentydninger antyder, at mahavidyaerne er forbundet med magiske evner, som man kan opnå ved at tilbede dem. Efter at mahavidyaerne har omringet Siva, og han er blevet informeret om deres identitet, opfylder han Saris ønske og siger, at hun kan deltage i sin fars ofring. Tara forenes med Kali på dette tidspunkt i Mahabhagavata-purana, og de andre former forsvinder. Sati, i skikkelse af Kali, rejser derefter til Daksas ofring og forpligter sig ved at lægge sig selv i offerilden.

Ifølge Brhaddharma-purana efterlader Sati Mahavidyas hos Siva og beder dem om at passe på ham, mens hun er væk. Hun fortæller, at hun har lavet disse dokumenter for at kunne passe på Siva, mens hun er i udlandet. Så flyver Sati, klædt i tigerskind og med uordentligt hår, et skræmmende ansigt og brændende røde øjne, hen over himlen til Daksas offer. Resten af fortællingen følger Mahabhagavata-purana's beretning.

Flere vigtige punkter bør bemærkes i den version af Mahavidyas' oprindelse, der gives i Brhaddharma- og Mahabhagavata-puranaerne. Til at begynde med etablerer historierne Sati, eller gudinden i Satis skikkelse, som en højere magt for Siva. Han forbyder hende at deltage i sin fars ofring, men hun tvinger ham til at frigive hende ved at overvælde ham med sine forskellige og gruopvækkende former. Begge versioner af historien understreger Sivas frygt for gudinden i hendes frygtelige former og hans forsøg på at dæmpe den. Det faktum, at gudinden er i stand til fysisk at fastholde Siva, understreger hendes suveræne styrke.

Emnet om gudindens overlegenhed over mandlige guder er fremtrædende i sakta-skrifter, og derfor understreger fortællingen et vigtigt sakta-teologisk koncept. For det andet understreger Brhaddharma- og Mahabhagavata-purana-beretningerne om mahavidyaernes begyndelse deres forfærdelige egenskaber. Selv om andre tekster beskriver nogle af mahavidyaerne som behagelige, smukke og milde, beskrives de her som forfærdelige og skræmmende som gruppe. Den ene gudinde, der beskrives fuldt ud i fortællingen, Satis oprindelige udseende, er ekstremt skræmmende, og Siva reagerer på hende ved at lukke øjnene eller løbe væk.

Denne historie understreger mahavidyaernes dybe konsekvenser for Siva. Han føler sig skræmt og frastødt af dem. De har en dårlig, utiltalende form. For det tredje understreger denne fortolkning af Mahavidyas, at de ti gudinder er manifestationer af Sati, eller den store gudinde, som har antaget Satis form. Da Siva spørger til Mahavidyaerne, svarer Sati, at de er hendes former eller bekendte. Mahavidyaerne er ifølge historien forlængelser af Saris magt. De legemliggør hendes vilje og raseri, og det lykkes dem at få Siva til at følge deres vilje.

For det fjerde opstår mahavidyaerne først i forbindelse med konflikter mellem mand og kone og mellem far og datter. Daksa fornærmer sin datter ved at nægte at invitere hende hjem til ofringen, og Siva fornærmer hende ved at nægte at lade hende besøge sin fars hjem. Mahavidyaerne er i en vis forstand manifestationer af en forurettet hustru og datter. De er de fysiske manifestationer af kvindelig vrede forårsaget af mandlig forsømmelse og misbrug.

Tilbedelsen af gudinden Nanda-devi i Garwahl i Himachal Pradesh eksemplificerer den mulige skade ved vilkårligt at begrænse en kvindes mulighed for at vende tilbage til sin oprindelige landsby (hendes fars domæne), uanset om hindringerne er pålagt af faderen eller manden. På trods af at den lokale Garwahli-litteratur understreger, at når en kvinde gifter sig, bliver hun en del af sin mands slægt, hævder Garwahli-kvinderne, at kvinderne forbliver fast forbundet med, påvirket af og bundet til deres hjemlige familier og landsbyer, deres måtter.

Både mænd og kvinder tror, at hvis en kvinde ikke er i stand til at bevare kontakten med sin hjemby, kan hun med held forbande sin mand eller far. Bruden, der er rejst, den "ugifte landsbydatter" (ahiyant), skal æres af sin hjemby og bydes velkommen tilbage til alle vigtige festivaler og ceremonier.

Et samfund, der ikke gør det, udsættes for hendes ødelæggende forbandelse, som kan være katastrofal. En årlig pilgrimsrejse snor sig gennem adskillige lokale landsbyer, hvor gudinden Nanda-devi tilbedes, og repræsenterer hendes tilbagevenden til sin oprindelige landsby. Hvis denne rejse ikke foretages, vil gudinden blive vred og tro, at hun ikke længere bliver tilbedt og æret.

En sådan tilsyneladende ligegyldighed eller apati ville gøre hende rasende. I Satis fortælling opstår der en lignende situation. Hendes tjenestepige gør ikke sit arbejde, da hendes far ikke har inviteret hende til sin storslåede ofring.

Desuden viser hendes ægtefælle hende stor mangel på respekt ved at forbyde hende at vende tilbage til sin hjemby.

Siva og Daksa bliver begge fokus for hendes raseri. Sati, der er vred over sin fars manglende respekt for hende, vender tilbage til sin fødeby og ofrer sig selv i sin fars offerild i overensstemmelse med Nanda-devi-religionens rationale. Da Siva hører om Satis død, bliver han og hans bolig forbandet og efterfølgende ødelagt af Siva og hans værter. Et femte vigtigt træk ved denne beretning om Mahavidyas oprindelse er, at disse gudinder forbindes med magiske evner og har ringe eller ingen relation til opretholdelsen af dharma-ordenen. De har ingen lighed med Vishnus avataraer i natur eller funktion. De kommer ikke for at bekæmpe dæmoner, der truer verdens ligevægt, men for at skræmme Siva til at lade Sati deltage i sin fars ofring. I historien er deres primære rolle at besejre en modstander, i dette tilfælde Siva.

Ifølge Brhaddharma-purana blev mahavidyaerne skabt for at skabe strid og uro blandt mennesker, og de giver mulighed for at myrde efter forgodtbefindende, lamme ens fjender og så videre. Faktisk understreger deres effekt på Siva dette aspekt af deres natur. Siva veksler mellem at flygte og fryse i frygt. Selvom andre myter om individuelle Mahavidyaer antyder en verdensunderstøttende funktion, og Mahavidyaerne ofte sammenlignes med Vaisnava avataras, antyder denne version af deres oprindelse kun verdensunderstøttende egenskaber. Selvom nogle mahavidyaer er stærkere forbundet med magiske kræfter end andre, som vi vil se nedenfor, hævder denne version af gruppens oprindelse, at gruppen som helhed giver disse kræfter.

AVATARER AF PARVATI

Den anden beretning om mahavidyaernes oprindelse blev fortalt mig af Sri Rama Shankar Tripathi, mahant (hovedpræst) i Kashi Vishvanath-templet i Varanasi, som havde lært fortællingen af en tantrika-ven. Tantrikaen sagde, at fortællingen kunne findes i "alle tantra-sastraerne", men jeg har endnu ikke fundet den i nogen dokumenteret kilde.

Ifølge denne beretning bor Siva i højlandet med sin anden kone, Parvati (som han giftede sig med, efter at Sati havde begået selvmord). En dag vælger Siva at rejse væk. Parvati inviterer ham til at blive, men han afslår. Da han forsøger at rejse, stopper hun ham ved at blokere husets ti døre med sine ti former, Mahavidyas.

Ifølge tantrika er mytens esoteriske betydning baseret på en allegori. Hjemmet forestiller menneskekroppen, og de 10 døre repræsenterer de ti fysiske åbninger: to øjne, ører og næse samt mund, anus, penis eller vagina og brahmarandhra (en åbning øverst på hovedet). Sivas ønske om at forlade Parvatis bolig repræsenterer ifølge denne allegoriske fortolkning individets ønske om at nyde sanserne med vilje, at handle uden yogisk disciplin og kontrol. Denne historie om mahavidyaernes tilblivelse er identisk med den foregående. Mahavidyaerne opstår, som i den første, for at begrænse Siva, for at bøje ham for gudindens ønsker. Han ønsker at forlade sin svigerfars bolig, men hun insisterer på, at han skal blive. Mahavidyaerne manipulerer situationen til Parvatis fordel. Denne version gør det også klart, at mahavidyaerne alle er manifestationer af den samme gudinde, i dette tilfælde Parvati. De symboliserer hver især en forskellig facet af guddommen. Mahavidyaerne opstår, som i den oprindelige udgave, som en konsekvens af en ægteskabelig konflikt.

Men gudindens far ser ud til at have en lille eller ingen rolle i denne situation. Denne version af fortællingen fremhæver ligeledes gudindens dominans over Siva. Det faktum, at Siva og Parvati bor i hendes fars hus, understreger denne idé, da det i mange regioner i Indien er almindeligt, at kvinden forlader sin fars hjem, når hun gifter sig, og bliver medlem af sin mands slægt og bor i hans hjem blandt hans familie. Sivas tilstedeværelse i Parvatis hjem indikerer hendes betydning i deres forhold. Hendes betydning fremgår også af hendes evne til at modstå Sivas vilje og gennemtvinge sin egen via Mahavidyas. Denne fortælling lægger op til at se Mahavidyas som egenskaber eller evner i den menneskelige krop, måske bevidsthedstilstande, snarere end som verdens opretholdelse eller kosmiske kræfter. Fortællerens fokus på mahavidyaernes betydning for yogisk koncentration, eller muligvis sddhand (religiøs aktivitet) generelt, viser, at mahavidyaerne er relateret til facetter, aspekter, dimensioner eller træk ved menneskekroppen, som i tantra menes at repræsentere kosmos i mikrokosmos. Faktisk understøtter flere tantriske skrifter denne forståelse af Mahavidyas.

Ifølge Saktisamgama-tantraen er Mahavidyas forbundet med de fem sanser (lyd, berøring, farve eller syn, smag og lugt) og de fem elementer (æter, luft, ild, vand og jord). Selv om

Saktisamgama-tantraen ikke specificerer, hvilken Mahavidya der er forbundet med hvilken sans eller hvilket element, er det klart, at de er forbundet med menneskets grundlæggende sammensætning. Mahavidyaernes forhold til siddhis (magiske evner) antydes også i denne anden fortælling om deres tilblivelse. Sådanne evner kan opnås via sddhand, som næsten altid indeholder yogiske teknikker, der har til formål at regulere eller styrke sanserne. Vi vil diskutere mahavidyaerne som siddhis mere indgående senere.

KALIS AVATARER

———

D en tredje historie om Mahavidyas tilblivelse kan findes i en moderne hindi-bog om Tara-tilbedelse.

Ifølge denne beretning lever Siva sammen med gudinden Kali i Satya Yuga, den første og mest ideelle af en verdenscyklus' fire faser. Til sidst keder han sig og erklærer, at han er træt af at leve sammen med Kali. Han rejser sig, og da hun spørger, hvor han skal hen, siger han: "Hvor som helst jeg ønsker det!" Han begynder at drive væk, da hun ikke svarer.

Men overalt, hvor Siva rejser, dukker der en Mahavidya af Kali op: først Kali selv, så Tara, Sodasi, Bhuvanesvari, Bagalamukhi, Bhairavi, Ka - mala, Dhumavati, Matarigi og Chinnamasta. Siva mister lysten til at forlade Kali og strejfe omkring, efter at han har fået viden (vidya) om, at hun gennemtrænger hele universet og er til stede i en af sine former overalt, hvor man går. På nogle måder er denne version af fortællingen tydeligt forbundet med de to foregående. Mahavidyaerne optræder som inkarnationer af en bestemt gudinde, som anses for at være Sivas brud. Gudinden (Kali i dette scenarie) skaber mahavidyaerne for at forhindre Siva i at forlade eller flygte, som i de to andre versioner. Denne version nævner heller ikke, at Mahavidyaerne har en funktion, der kan sammenlignes med Vaisnava-avatarernes.

Men i modsætning til de to første versioner er der mindre vægt på ægteskabelige spændinger, og det antydes, at Siva går

41

imod Kalis ønsker ved at forsøge at forlade hende og vandre rundt. Denne version antyder heller ikke, at mahavidyaerne er forfærdelige eller skræmmende (de bliver ikke engang nævnt), og den antyder heller ikke, at Siva er skræmt af dem.

Mahavidyaerne nævnes ikke engang i fortællingen som dem, der forhindrer Siva i at tage af sted. Der står blot, at Kalis former fylder hele universet. Nøgleelementet i denne historie om mahavidyaernes tilblivelse, som er underforstået i de andre fortællinger, er, at det er umuligt at rejse, hvor gudinden ikke er til stede. Det er umuligt at forlade (eller undslippe) hende, da hun omfatter hele universet i en eller anden form. Hun er overalt; faktisk ligner hun selve universet.

Fortællingen, som den fortælles her, understreger også, at mahavidyaerne afslører viden (vidya), i dette eksempel, at Kali gennemtrænger hele eksistensen. På den måde ser fortællingen mahavidyaerne som kilder til viden snarere end som avataragtige væsener, der opretholder universet, eller som manifestationer af magiske evner eller bevidsthedstilstande. Mahavidyaerne skaber Sivas oplysning, som er målet for denne gengivelse af fortællingen.

AFATARER AF DURGA

En fjerde historie om Mahavidyas oprindelse stammer fra moderne mundtlig tradition, som understøttes af specifikke ikonografiske beviser. Mahavidyaerne opstår ifølge denne historie, da den mægtige krigerdronning Durga står over for dæmonerne Sumbha og Nisumbha. Fortællingen om Durgas overvindelse af disse dæmoner præsenteres i forskellige puranaer som den tredje episode af Devi-mahatmya. Selvom mahavidyaerne ikke er nævnt i nogen af de tekster, der beskriver dette slag, har flere fortalt mig, at de kæmper i det som en gruppe.

Desuden forbindes individuelle mahavidyaer undertiden med myten, og som vi vil se, er der betydelige ikonografiske beviser, der understøtter denne version af mahavidyaernes oprindelse. En nutidig hindi-tantrabog henviser også til denne version af mahavidyaernes oprindelse: Forfatteren hævder, at de mandlige guder i begyndelsen blev truet af dæmoner og fik hjælp af Mahadevi, som besejrede dæmonerne ved at antage forskellige former, herunder de ni Durgas og de ti mahavidyaer. Devi-mahatmya er det mest kendte og elskede hinduistiske sakta-skrift. Det blev sandsynligvis komponeret omkring det sjette århundrede e.Kr. og er stadig æret i sakta-kredse i dag.

Der er skrevet adskillige kommentarer til den, og der er kommet flere underordnede tekster som tillæg. Det er derfor ikke mærkeligt, at Mahavidyas forbindes med denne berømte litteratur. Tekstens karakter egner sig også til sådanne associationer, især i den tredje episode, som skildrer Sumbha og Nisumhas tab. Denne hændelse indkapsler Devi-mahatmyas doktrin. Durga hævdes at understøtte eller gennemtrænge verden; at skabe, opretholde og periodisk ødelægge den i henhold til den hinduistiske kosmologis rytmiske sekvenser (12.3 3-3 5); og at antage andre former fra tid til anden, når den kosmiske ligevægt er truet af gudernes modstandere (i i.3 8-51).

Tekstens teologi er kortfattet: "Selv om hun er evig, manifesterer gudinden sig igen og igen for at beskytte verden" (12.32). Dette kan sammenlignes med Vaisnava avatara-doktrinen. Når det kombineres med denne form for religion, bliver mahavidyaernes primære opgave at opretholde og forsvare den kosmiske orden. Andre skrifter har tidligere sammenlignet mahavidyaerne med avatarerne, og det er derfor ikke uventet, at nogle hinduer tror, at de optræder i Devi-mahatmya, selv om de ikke gør det.

Et andet aspekt af den tredje episode af Devi-mahatmya antyder, at Mahavidyas kan være opstået der. Durga tilkalder adskillige gudinder for at hjælpe hende gennem hele kampen. Hun tilkalder Kali for at bekæmpe dæmonerne Canda og Munda (7.3-22) og igen for at besejre Raktabija (8.49-61). Under konflikten fødes en gruppe på syv gudinder, kendt som Matrkaerne, af bestemte mandlige guder for at hjælpe med at tilintetgøre dæmonerne. De er Brahmani, der nedstammer fra Brahma; Mahesvari, der nedstammer fra Siva; Kaumari, der nedstammer fra Kartikeya; Vaisnavi, der nedstammer fra Vishnu; Varahi, der nedstammer fra Vishnus vildsvineavatara;

Narasirmhi, der nedstammer fra Vishnus løvemandsavatara; og Aindri, der nedstammer fra Indra (8.12-20).

Senere i kampen, da Durga møder dæmonen Sumbha, udfordrer han hende til enekamp, hvilket hun accepterer, idet hun hævder, at hendes kampfæller kun er hendes mange former (10.2-5). Matrkaerne og Kali bliver derefter absorberet i hende. Matrkaerne beskrives som vilde og frygtelige af Devi-mahatmya. De er rasende krigere, som danser vildt mod slutningen af kampen, berusede af blodet fra deres dræbte ofre (8.62).

Den tredje episode indeholder så dannelsen af en gruppe gudinder, der ligner Mahavidyaerne, hvilket har givet anledning til legenden om, at Mahavidyaerne faktisk optræder i Devimahatmya. Andre tekster sammenligner også individuelle Mahavidyaer med Matrkaerne eller giver dem Matrka-navne som tilnavn.

Mahavidya Tripura-bhairavi har for eksempel følgende epiteter i sin sahasranama stotra (hymne med tusind navne) i Sakta-pramoda: Brahmani, Mahesvari, Kaumari, Vaisnavi, Varahi, Camunda og Indrani. De er de samme som Matrka-navnene i Devimahatmya, med den undtagelse, at Sakta-pramoda udskifter Camunda med Narasirmhi. Vaisnavi, Brahmani, Narasirmhi, Mahesvari og Varahi er blandt de forskellige navne, der er givet til Mahavidya Bhuvanesvari. Der er også ikonografisk bekræftelse på denne fjerde historie om Mahavidyas tilblivelse.

Mahavidyaerne vises ofte i moderne religiøs kunst, hvor de

omkranser en central gudinde, ingen ringere end Durga (i hendes skikkelse som Mahisamardini, der dræbte dæmonen Mahisa) og den primære figur i Devi-mahatmya. Mens moderne kunst skildrer mahavidyaerne omkring Siva og Sati som de centrale figurer, er konfigurationen med Durga i centrum lige så almindelig, hvis ikke mere, i de områder, jeg kender bedst, Varanasi og Calcutta. Afbildningen af Mahavidyas på Durga-figurernes kalcitraer, som er opstillet til Durga Puja, fastholder forestillingen om, at Mahavidyas synes at hjælpe Durga med at besejre dæmoner og genoprette kosmos' ligevægt. Malerier af Mahavidyas på en væg i den indre helligdom i Durga Saptasati-templet i Nagawa lige uden for Varanasi (et tempel dedikeret til Devi-mahatmya, populært kendt som Saptaiati) forbinder også på dramatisk vis Mahavidyas med Durga, og specifikt med Durga, som hun optræder i Devi-mahatmya.

Det er nemt at udlede af disse eksempler, at mahavidyaerne er manifestationer af Durga, og da Durga i bund og grund er en kampdronning, er det derfor naturligt at antage, at mahavidyaerne hjælper Durga i hendes bestræbelser på at beskytte den kosmiske orden. Med hensyn til mahavidyaernes funktion og karakter ændrer denne version sig markant fra de tre foregående. Gudinderne ser ikke ud til at skræmme eller påvirke Siva i denne version, de er ikke forbundet med magiske evner, og de befinder sig på en slagmark snarere end i et hjemligt miljø. Deres tilhørsforhold til Vishnus avataras er forstærket og understreget.

Denne fjerde version af Mahavidya-genesis antydes også af historier, der er knyttet til specifikke Mahavidyas. En billedmager i Varanasi fortalte mig for eksempel, at Durga skabte Dhumavati under sin kamp med Sumbha og Nisumbha, og at hun hjalp med at besejre disse dæmoner ved at bruge skarp røg, "som tåregas", mod dem. Dhumavati, "hun, der bor i røg", anses her for at have et særligt våben, som hun ødelægger dæmoner med af hensyn til verdens velbefindende. På samme måde har jeg hørt, at Bagalamukhi ofte har vist sig på slagmarker, når hun har narret modstanderen (typisk pakistanere) til at begå fatale fejl. Swami Sadhananda Shastri, en tantrisk praktiker fra Varanasi, som jeg før beskrev som en, der sidestillede Mahavidyaerne med avataraer, bemærkede, at hver Mahavidya har et verdensopretholdende formål.

Flere mennesker har også fortalt mig, at berømte hinduistiske guder og helte brugte Mahavidyas, eller de kræfter, de fik ved at tilbede dem, til at besejre dæmoner. Siva overvandt Taraka, Krishna besejrede Kamsa, Rama besejrede Ravana, og Indra tilintetgjorde Vrtra med hjælp fra mahavidyaerne. På samme måde overvandt Hanuman den kvindelige dæmon, som forsøgte at forhindre ham i at springe til Lanka, med hjælp fra Mahavidyaerne. Det vil sige, at han ved at tilbede gudinderne kunne få den magiske evne til at skrumpe ind til en mygges størrelse og derfor komme ind i munden på den kvindelige dæmon og dræbe hende indefra.

Mahavidyaerne er faktisk afbildet rundt om loftet på verandaen foran skrinet med det vigtigste Hanuman-billede i Sankat Mochan-templet i Varanasi, et berømt Hanuman-tempel. Når vi undersøger de forskellige Mahavidyas mere indgående, som vi vil gøre nedenfor, bliver det klart, at de ofte er relateret til Durga, dæmondræberen, og Devi-mahatmya-historierne.

Bhuvanesvari har forskellige titler i sin Rudrayamala sahasrandma stotra, som direkte forbinder hende med Durga, de former, Durga antager i Devi-mahatmya, og de gerninger, hun udfører der. Hun er kendt som hende, der ødelægger Madhu og Kaitabha, hende, der dræber Mahisasura, og hende, der dræber Sumbha og Nisumbha. Disse tre titler betegner hende som den, der dræber de primære dæmoner i alle tre episoder af Devimahatmya. I Devi-mahatmya er hun også kendt som Sivaduti, Camunda og hende, der tilintetgør Raktablja, som alle er betegnelser for Durga eller en af Durgas inkarnationer. Hun er også kendt under sit fødenavn, Durga.

AVATARER AF SATASKI

Devi-bhagavata-purana fortæller den femte historie om mahavidyaernes tilblivelse. De ser ud til at beskytte planeten mod dæmoner, ligesom i den fjerde version. Der var engang, hvor dæmonen Durgama erobrede kosmos og tvang guderne til at underkaste sig. Guderne søgte hjælp hos Mahadevi. Hun manifesterede sig som en skikkelse med mange øjne, som alle fældede tårer, da de så gudernes, menneskenes og landets ynkelige tilstand som følge af den dæmoniske dominans. Sataksi (kvinde med hundrede øjne) var hendes navn. Derefter delte hun frugter og grøntsager ud fra sin egen krop for at fodre jordens sultne væsener, som led af tørke.

Derfor fik hun tilnavnet Sakambhari (kvinden, der bærer grøntsager). Gudinden og djævelen og hans hær indledte derefter en rasende kamp. Mahavidyaerne var blandt de gudindeallierede, som gudinden skabte for at hjælpe hende i hendes kamp.

Ifølge bogen er disse gudinder hendes primære saktis og er udsprunget direkte af hendes kød. Kalika, Tarini, Tripura, Bhairavi, Kamala, Bagala, Matarigi, Tripura-sundari, Kamaksa, Tulaja-devi, Jambhini, Mohini og Chinnamasta nævnes i denne rækkefølge. Mahavidyaerne bliver ikke nævnt igen i Devi-bhagavata-purana. Gudinden kaldes Durga ved afslutningen af kampen, fordi hun dræbte uhyret Durgama.

Der er to vigtige ting at bemærke i denne historie om

Mahavidyas tilblivelse. For det første bliver de, ligesom i version 4, dannet for at bekæmpe dæmoner og beskytte den kosmiske orden. På den måde ligner de Vishnus avataraer. De er Mahadevi-former, der er konstrueret til et bestemt formål. For det andet beskrives de sammen med andre gudindegrupper: Guhya-kalis, som siges at være ti tusind, og to andre grupper, som siges at være toogtredive og fireogtres. Tallet 64 kan henvise til antallet af yoginier. Gudinden (også kendt som Mahadevi, Mahesvari, Sataksi, Sakambhari og Durga, blandt andre navne) tager mange former og formerer sig selv efter behov, ifølge fortællingen.

Dette er et tilbagevendende motiv i Devi-bhagavata-purana. Mahadevis altomfattende virkelighed, det ultimative princip i verden, ja selve universet, er et hovedtema i hele denne afhandling om gudindemytologi og -filosofi. Ifølge denne litteratur viser hun sig i forskellige feminine former, og alle gudinder er udtryk for hende.

MAHAVIDYAER OG SIVA

Efter at have gennemgået disse fem fortolkninger af mahavidyaernes oprindelse kan vi nu komme med nogle generelle vurderinger af, hvad de afslører om disse gudinder. Siva er knyttet til mahavidyaerne. De gudinder, som føder mahavidyaerne, er ofte forbundet med Siva som hans hustru. Sati, Parvati og Kali er hans hustruer eller gemalinder i de tre første versioner.

Som vi vil se senere, har nogle af de forskellige mahavidyaer betydelige forbindelser med Siva, hvilket bekræfter denne idé. Gudinderne underordner sig Siva. Mahavidyaerne begrænser, skræmmer eller dominerer Siva i version 1-3. Det er derfor, de blev konstrueret i tre forskellige varianter. Mahavidyaerne illustrerer den pågældende gudindes suveræne dygtighed, hendes evne til at besejre Siva. Version 1-3 understreger derimod gudindens dominans over Siva. Det faktum, at Siva i sidste ende er afhængig af shakti, er et fremherskende emne i sakta-teologien og i mange tantriske skrifter. Denne forestilling formidles kortfattet og kraftfuldt i det velkendte ordsprog: "Siva er blot en Sava (lig) uden shakti."

Denne opfattelse af Sivas afhængighed af Shakti er sandsynligvis tydeligst repræsenteret i version 2, som præsenterer Kali som kilden til Mahavidyas. Siva ønsker uafhængighed i denne gengivelse. Han ønsker at opgive Kali, men kan ikke gøre det, da hun gennemsyrer universet på mange måder. Der er intet sted, hvor hun ikke er. Det er svært at leve uden hende. Dette tema findes også i version 1 og 3. Mahavidyaerne er skræmmende guder. Mahavidyaerne er forfærdelige og skræmmende i version 1. Version 2, 3 og 4 antyder deres grusomhed, men siger det ikke eksplicit.

De fleste afbildninger af individuelle mahavidyaer peger på mahavidyaernes frygtindgydende karakter. Kali, Tara, Bagala, Dhumavati og Chinnamasta er ofte skræmmende, forfærdelige og rasende. Tripura-sundari (Sodasi), Bhairavi, Matarigi og Bhuvanesvari menes alle at have skræmmende egenskaber. Kun Ka - mala fremstilles regelmæssigt som harmløs. Når forfatterne til en ny bog om tantrisme beskriver tantrisk religion som "mere robust end øm", henviser de måske til Mahavidyas, som er vigtige i tantrisk religion.

Mahavidyaerne siges at have magiske evner. Mahavidyaerne er udtrykkeligt knyttet til magiske, meditative eller yogiske evner i version I og implicit i version 2 og 3. Mange andre bøger om mahavidyaerne fremhæver denne forbindelse, især når det gælder visse mahavidyaer, såsom Bagalamukhi. Disse kræfter bruges ofte til at kontrollere andre mennesker, som regel modstandere, og omfatter evnen til at frembringe, hvad man ønsker, til at tiltrække andre mennesker til sig, til at immobilisere eller gøre nogen stumme, til at få nogen til at flygte, til at få andre til at blive gamle for tidligt, mens man selv forbliver ung, og til at dræbe nogen blot ved at ønske det.

Det faktum, at en gudinde kan kontrollere Siva med Mahavidyas i version 1-3, bekræfter konceptet om, at de er relateret til magiske eller meditative evner. I disse tre fortællinger har den pågældende gudinde magisk eller meditativ indflydelse på Siva. Spændinger mellem mænd og kvinder samt kvindelig uafhængighed. Mahavidyaerne opstår på baggrund af konflikter mellem mænd og kvinder i version 1 og 2, og lignende gnidninger kan være underforstået i version 3. Når gudinden føler sig dårligt behandlet, tilsidesat eller ydmyget af sin far eller ægtefælle, opstår denne spænding. Sati bliver rasende i version 1 og forvandler sig til et så forfærdeligt, skræmmende monster, at Siva næsten ikke kan holde ud at se på hende.

Mahavidyaerne er manifestationer af denne guddom, personificeringer af Satis raseri. Version 1 siger klart, og version 2 og 3 indikerer, at gudinden, Sivas ægtefælle i begge tilfælde, har en fri vilje og er fuldt ud i stand til at udøve den, selv om det betyder, at hun går imod sin mand eller far. I version 1 er argumentet klart: Sati er ikke tilfreds med at være en passiv, lydig og underdanig hustru, hvis hun bliver tilstrækkeligt ophidset. Hun har træk og evner, som hurtigt overvælder og alarmerer hendes ægtefælle. Det faktum, at de forskellige Mahavidyas ikke er underordnede ledsagere af mandlige guder, understreger gudindens uafhængighed i version 1-3.

De fleste mahavidyaer er ikke afbildet med en mandlig ledsager, og når de er, som det er tilfældet med Kali, Tara og Tripura-sundari, dominerer de ham (både Kali og Tara er vist stående på Sivas liggende krop, mens Tripura-sundari normalt er vist siddende på ham). Version 4 og 5 adskiller sig markant fra version 1-3 ved at understrege Mahavidyas' verdensopretholdende rolle. Version 4 og 5 skildrer mahavidyaerne som former af gudinden Durga eller Mahadevi, som hun skabte for at besejre dæmoner, der havde taget gudernes status. De enkelte Mahavidyaer beskrives eller fremstilles som verdensbevarere eller dæmondræbere i varierende grad.

Kali er velkendt som dæmondræber og optræder ofte i den sammenhæng. Andre, såsom Dhumavati og Bagala, nævnes kun sjældent i denne sammenhæng. Med undtagelse af Kali er verdensbevarelse et mindre element i fortællingen om de forskellige mahavidyaer. Mahavidyaernes gruppe- versus individuelle karakter. Endelig er det vigtigt at bemærke, at Mahavidyaerne som gruppe fungerer eller beskrives helt anderledes end de individuelle Mahavidyaer i disse fem versioner af deres oprindelse.

Som tidligere nævnt understreges mahavidyaernes rolle i bevarelsen af universet i version 4 og 5, selvom det kun spiller en mindre rolle i de enkelte mahavidyaers hengivenhed, mytologi og symbolik. Version 1 antyder, at alle mahavidyaerne har magiske evner, og at de alle er årsag til stridigheder blandt mennesker.

Der er dog stor forskel på, i hvor høj grad bestemte Mahavidyas defineres på denne måde. Bagalamukhi er f.eks. tæt forbundet med disse træk, men det er Kamala ikke.

EN SAMMENHÆNGENDE GRUPPE AF GUDINDER

Mahavidyas er en usædvanlig gruppering af gudinder som en gruppe. Det er ikke indlysende, om gruppen har en indre sammenhæng, der forklarer, hvordan dens medlemmer er forbundet med hinanden.

Der er ikke noget tydeligt mønster eller rationale bag tilstedeværelsen af disse 10 gudinder i samme gruppe, hverken i litterære kilder eller i moderne mundtlig tradition.

Nogle skrifter indeholder indikationer, og nogle af mine kilder har kommenteret emnet. Disse forslag og hypoteser omfatter en bred vifte af muligheder.

MANIFESTATIONER AF MAHADEVI

Ifølge flere skrifter og moderne mundtlig tradition er Mahavidyas "alle former for gudinden", at "de alle er én". Dette er unægtelig tilfældet. En Mahavidya er ofte direkte forbundet med en anden eller med en række andre.

Bhuvanesvaris navne i hendes Rudrayamala sahasrandma stotra omfatter Matarigi (v. 10), Bhairavi (v. 12), Kalika (v. 15), Ugra-tara (v. 19), Tara (v. 20), Sundari (v. 10), Chinnamasta (v. 60) og Kamala (v. 6) for at nævne nogle få. Det er umuligt ikke at få den tanke, at hver Mahavidya er et aspekt af en flerdimensionel stor gudinde, og at hver facet omfatter alle de andre - at hvis du ser nøje og omhyggeligt nok efter, vil du opdage alle former, der ligger i hver specifik form.

Det er stadig et mysterium, hvorfor denne specifikke kombination af ti gudinder er kommet til at afspejle den relativt grundlæggende sakta-teologiske forestilling om, at den store gudinde har mange former.

Med undtagelse af Kali, Kamala og, i mindre grad, Tripura-sundari og Tara, er gudinderne i denne gruppe sjældent genkendt. Nogle af Mahavidyas er faktisk uklare.

Hvis målet med Mahavidya-mytologien og -ikonografien er at vise, at gudinden antager forskellige former, skulle man tro, at nogle af de mere populære gudinder, såsom Durga og Sarasvati, ville være repræsenteret. Udvælgelsen af de ti gudinder, der udgør Mahavidyas, som et udtryk for dette princip er derfor ikke indlysende og rejser spørgsmålet om gruppens iboende indbyrdes forbundethed.

SIVAS LEDSAGERE

Version 1-3 af Mahavidyaernes tilblivelse understreger, at de alle er manifestationer af Sivas brud eller ægtefælle.

Derfor ser det ud til, at et træk ved gruppen, som giver den sammenhængskraft, er, at alle mahavidyaerne er Sivas hustruer eller gemalinder eller er tæt knyttet til Siva.

Problemet her er, at når vi ser på mahavidyaerne enkeltvis, som vi vil gøre nedenfor, finder vi, at nogle har et stærkere tilhørsforhold til Siva end andre, at Dhumavati er en enke uden ægtefælle (selvom, som vi vil se, en af hendes individuelle oprindelsesmyter forbinder hende med Sati), og at Kamala er hustru til Vishnu, ikke Siva.

Desuden falder en forklaring af mahavidyaernes interaktion, som fokuserer på deres forhold til Siva, fra hinanden uden for disse tre beretninger. Fokus på uafhængigheden af den gudinde, som mahavidyaerne kommer fra, såvel som uafhængigheden af forskellige individuelle mahavidyaer, har en tendens til at nedtone betydningen af denne egenskab som nøglen til at forstå logikken i deres interaktion.

SØSTER-GUDINDER

S om svar på min forespørgsel om, hvordan Mahavidyas er i familie, sagde en præst ved Dhumavati-templet i Varanasi, at de alle er søstre. I hinduismen er der flere grupperinger af gudindesøstre. Søstrene hævdes at være de syv gudinder, som skaber en beskyttende cirkel i ørkenen omkring byen Jaiselmer i det vestlige Rajasthan.

Ifølge præsten i Dhumavati-templet er Dhumavatis storesøster Lakshmi (Kamala), mens Sodasi (Sundari) er yngre. Han var usikker på de andre Mahavidyas alder. Dette koncept er ikke dokumenteret i litterære kilder og synes at være ukendt for de fleste af mine samtidige respondenter.

Som følge heraf synes den at være mindre end tilfredsstillende som nøgle til at forstå Mahavidyas interaktion.

FEMININE ARKETYPER - FASER I EN KVINDES LIV

En anden teori er, at Mahavidyas symboliserer forskellige faser eller karakteristika i en kvindes livscyklus. Det guddommelige feminine skulle manifestere sig i tre primære former i den antikke græske religion, svarende til "kvindens tre aldre": jomfru, mor og kælling. Jeg har også lært, at de ni Durgas, en række gudinder i Varanasi, som formodes at være forskellige versioner af Durga, siges at afspejle de mange faser i gudindens (og dermed en kvindes) livscyklus af en kvindelig tilhænger af Durga. Dette system har stor troværdighed i forhold til nogle Mahavidya-gudinder. Dhumavati kan f.eks. skildre gudinden i hendes gyldne år. Hun vises næsten altid som ældre og karakteriseres som enke. Andre medlemmer af gruppen, især Sodasi (Sundari), siges at være 16 år. Andre Mahavidyas, såsom Bhairavi i hendes Annapurna-bhairavi form, er matroneagtige. Et problem er, at de andre medlemmer af gruppen ikke ser ud til at passe ind i dette system.

Desuden er der kun lidt eller slet ingen vægt på Mahavidyas moderskab. Selv om de af og til omtales som Ma, vises de aldrig med spædbørn eller børn, og deres uafhængighed af mandlige ledsagere understreges. Den ægteskabelige og moderlige del af den kvindelige livscyklus er nedtonet i Alahavidya-mytologien. Som en nøgle til at forstå gruppens indbyrdes forhold virker denne model ligeledes utilstrækkelig.

CYKLUSSER AF SKABELSE OG ØDELÆGGELSE

En af de mest almindelige sakta-teologiske formler til at præsentere eller beskrive Mahadevis multiforme natur er at forestille sig, at hun fungerer på tre måder, svarende til funktionerne i den mandlige trimurti (de store mandlige guddomme, der "har tre former": Brahma, skaberen; Vishnu, opretholderen; og Siva, ødelæggeren). Det vil sige, at den store gudinde udtrykker sig som Mahasarasvati (svarende til Brahma) i sit skabelsesaspekt, som Mahalakshmi (svarende til Vishnu) i sin funktion som universets opretholder og som Mahakali (svarende til Siva) i sin rolle som kosmosødelægger. Det er blevet foreslået mig, at Mahavidyas kan opdeles efter disse linjer, at de er symboler på den kosmiske proces med skabelse, bevarelse og ødelæggelse, som gudinden overvåger eller repræsenterer. Ifølge en moderne praktisk tantra-guide for aspiranter bliver "Mahamaya Sodasi og skaber verden, så bliver hun Bhuvanesvari og opretholder verden, og til sidst bliver hun Chinnamasta og ødelægger verden."

En anden forfatter er enig i dette synspunkt. Han ser syv faser af verdensdannelse og tre faser af universets ødelæggelse metaforisk afspejlet i Mahavidyaerne i deres sædvanlige rækkefølge: Den oprindelige intethed før skabelsen er repræsenteret af Kali, skabelsens første manifestationer er repræsenteret af Tara, skabelsen af tid er repræsenteret af Tripura-sundari og så videre. Problemet med denne tilgang er, at den sidste af Mahavidyaerne, Kamala, derfor forbindes med ødelæggelse, hvilket er det stik modsatte af hendes karakter, som generelt forbindes med rigdom og frugtbarhed. De andre mahavidyaer passer heller ikke ind i dette system, og derfor er det meget usandsynligt, at den sædvanlige rækkefølge, de kaldes i, skulle repræsentere syv faser af skabelse og tre faser af opløsning. Nogle individuelle mahavidyaer kan klassificeres i de tre funktioner skabelse, vedligeholdelse og ødelæggelse. Det vil sige, at nogle er forbundet med bevarelse, såsom Lakshmi, mens andre er forbundet med ødelæggelse, såsom Kali og Tara, og atter andre med skabelse, såsom Bhuvanesvari og Sodasi.

Men kun få af de individuelle Mahavidyaer er primært billeder af kosmogoniske funktioner. De andre medlemmer af gruppen matcher ikke helt den velkendte sakta trimurti, den tredelte kosmogoniske formel, der siger, at Mahasarasvati skabte verden, Mahalaksmi bevarer den, og Mahakali ødelægger den. Nogle af de individuelle Mahavidyas ser ud til at have ringe eller ingen forbindelse til nogen kosmogonisk funktion.

Derfor virker denne tilgang til mahavidyaernes gensidige afhængighed utilfredsstillende. Individuelle Mahavidyaer er på den anden side forbundet med alle tre gudinder (Mahasarasvati, Mahalaksmi og Mahakali) og alle tre kosmiske roller. I Bhuvanesvaris sahasranama stotra fra Rudrayamala omtales hun f.eks. som Sarasvati (v. 16), hende, der skaber og opretholder verden (v. 52), Kamala (v. 6), Mahalaksmi (v. 65) og Kalika (v. 18). I virkeligheden er det almindeligt at forbinde en bestemt Mahavidya med en bred vifte af kvaliteter og funktioner og at sætte hende i forbindelse med alle tre kosmiske roller i stedet for kun én.

MANIFESTATIONER AF GUNAS ELLER KVALITETER

Betragt mahavidyaerne som symboler på de tre gunas (kvaliteter) for at få en lignende forklaring på deres forbindelser eller underliggende logik. Hver Mahavidya relaterer til et af de tre elementer i det skabte kosmos, ifølge denne tilgang: sattva (renhed), rajas (energi) eller tamas (uvidenhed). Faktisk er de tre sakta trimurti-gudinder, der er nævnt ovenfor, nogle gange forbundet med de tre gunas: Mahasarasvati med sattva, Mahalaksmi med rajas og Mahakali med tamas. Farver forbindes ofte med de tre gunas: sattva er hvid, rajas er rød, og tamas er sort.

Ifølge John Woodroffe er Tara i Mahavidyaernes tilfælde forbundet med sattva guna og opnåelsen af kaivalya, yogisk lyksalighed; Sodasi, Bhuvanesvari og Chinnamasta er forbundet med rajas guna; og Dhumavati, Kamala, Bagala og Matarigi er forbundet med tamas guna. Individuelle Mahavidyas er forbundet med de tre gunas på samme måde i Mahanirvana-tantraen. Det er også blevet foreslået mig, at mahavidyaernes hudfarve, som er forskellig i nuance, kan være nøglen til at skelne dem fra de tre gunas. Kali, Tara og Matarigi, som har sort eller mørk hudfarve, er for eksempel forbundet med tamas guna, mens Bhairavi, som har en rød hudfarve, er forbundet med rajas guna. Sattva guna er forbundet med Mahavidyas med gylden eller lys hudfarve, såsom Bagala, Dhumavati og Chinnamasta. Dette opdeler selvfølgelig mahavidyaerne helt anderledes end Woodroffes plan baseret på Kamadhenu-tantraen.

Et andet spørgsmål, der dukker op her, er foreneligheden af en individuel Mahavidyas hudfarve med det, vi ved om hendes natur og funktioner. Kali, som er forbundet med tamas, er kendt som symbolet på den største viden i forskellig litteratur, men tamas guna er forbundet med illusion, begær og dovenskab. Bagalamukhi, som formodes at have en gylden eller lys hudfarve, forbindes typisk med at tilegne sig magiske færdigheder, der gør det muligt at opfylde verdslige lyster, mens sattva guna, som hun ville blive genkendt som på grund af sin farve, udelukkende forbindes med åndelige egenskaber.

Derfor kan denne formel ikke uden videre anvendes på mahavidyaerne for at forklare deres gruppesammenhæng.

MANIFESTATIONER AF STEMNINGER

EN ANDEN TREDELT STRUKTUR, der bruges til at forklare gudindens essens og hendes mange inkarnationer, findes i Kalika-purana, hvor der står, at Mahadevi har tre former eller stemninger: forelsket, rasende og godmodig.

Ifølge fortællingen antager hun forskellige skikkelser alt efter hendes humør. Hun bærer en gul krans og står på toppen af en rød lotus på et hvidt lig i sin lidenskabelige form. Hun bærer et sværd og står lige oven på en krop i sin rasende form. Når hun er i godt humør, bestiger hun en løve.

Ifølge Kalika-purana æres gudinden Tripura i tre former: Tripura-bala (jomfruen), Tripura-sundari (den skønne) og Tripura-bhairavi (den forfærdelige). Dette paradigme passer på nogle mahavidyaer, såsom Dhumavati og Kali, som i bund og grund er forfærdelige manifestationer.

Men når vi undersøger hver Mahavidya i detaljer, bliver det klart, at de normalt har alle tre egenskaber. Under mange omstændigheder er det en udfordring at afgøre, hvilken af de tre "stemninger" en Mahavidya bedst formidler. Selvom skemaet er spændende, ser jeg det ikke som nøglen til at forklare den indre sammenhæng i Mahavidyas ti gudinder.

VOLDELIGE OG ROLIGE AVATARER

En anden fremtrædende skematisering af Mahadevis mange former i sakta-teologien er, at hun afslører eller udtrykker sig i voldsomme (raudra) og rolige (saumya) former. På samme måde har kilder fortalt mig, at Mahavidyas kan klassificeres i to typer Mahadevi-manifestationer: voldsomme og rolige.

Ifølge denne teori omfatter Mahadevis raudra-former Kali, Tara, Bagala, Chinnamasta og Dhumavati, mens saumya-formerne omfatter Sodasi, Bhuvanesvari, Kamala, Matarigi og Bhairavi. Bortset fra at jeg endnu ikke er stødt på nogen tekster, der anvender dette skema på mahavidyaerne, er visse mahavidyaer vanskelige at kategorisere som voldsomme eller fredelige. En individuel Mahavidya kan antage flere forskellige former, nogle mere voldsomme end andre.

Andre synes tvetydige i lyset af en sådan dobbelthed; for eksempel er Dhumavati karakteriseret som stridbar og med uheldige egenskaber, men hun fremstilles ikke som skræmmende eller forfærdelig. Bhairavi udgør også et problem, for på trods af at hendes navn betyder "den frygtindgydende", fremstilles hun ofte som fredfyldt.

Hvis valget af ti gudinder til at illustrere denne dikotomi var den primære årsag til Mahavidyas, er det også mærkeligt, at visse gudinder, som er utvetydige eksempler på enten raudra-typen, såsom Camunda, eller saumya-typen, såsom

Sarasvati, er udeladt fra gruppen. Selvom Mahavidyas har eksempler på både raudra- og saumya-typerne, er polariteten stadig utilstrækkelig som et system til at forklare alle ti gudinder.

FLYDENDE OG STILLE FACETTER AF DET GUDDOMMELIGE

En anden metode til at kategorisere gudinder er at betragte dem som enten dynamiske eller statiske repræsentationer af virkeligheden.

En tantrisk forsker i Varanasi foreslog mig, at Mahavidya-gudinderne, der sidder eller står på eller på anden måde dominerer en mandlig figur (Kali, Tara, Bagala, Bhairavi, Tripura-sundari og nogle gange Chinnamasta), måske repræsenterer det dynamiske aspekt af gudinden, mens de andre (Dhumavati, Matarigi, Kamala og Bhuvanesvari) repræsenterer det statiske aspekt.

Selv om dette skema kan være nyttigt til at vise, hvordan visse sakta-teologiske temaer afspejles i mahavidyaerne, virker det tvunget i tilfælde, hvor den pågældende gudinde ikke illustrerer nogen af polerne på nogen klar måde.

VIDEN OG UVIDENHED

En anden måde at opdele gudindens manifestationer i to polariteter er at sige, at hendes former er vidya eller avidya, det vil sige, at nogle er beregnet til at fjerne uvidenhed og vildfarelse og give befriende viden (vidya-formerne), mens andre er beregnet til at sløre virkeligheden og vildlede væsener med hensyn til dens sande natur (avidya-formerne).

Ifølge dette koncept kan Kali, som repræsenterer den ultimative sandheds natur, tilhøre den første type manifestation, mens Kamala, som man udelukkende henvender sig til for at få verdslige glæder, kan tilhøre den sidste. De andre mahavidyaer kan være organiseret på samme måde. Problemet her er, at en gudinde som Kali, som der er skrevet så meget om, og som har en så gammel og omfattende religion, tydeligvis tjener begge funktioner. Under mange omstændigheder er det umuligt at tilskrive en bestemt Mahavidya til den ene eller den anden side. Dhumavati eller Matarigi er f.eks. vidya- eller avidya-gudinder. Begge sider kan have en pointe. Det samme gælder for størstedelen af Mahavidyaerne. Desuden er jeg endnu ikke stødt på en bog, der adskiller mahavidyaerne på denne måde.

FASER AF MÅNEN

En tantrisk lærd gav en anden måde at fortolke Mahavidyaernes indbyrdes forhold på, en måde, der forbinder dem med de forskellige måne-tithis (de tredive dage med tiltagende og aftagende måne). Denne lærde forbinder Kali med nymånen (amavasya) og Sodasi med fuldmånen (purnima).

Ifølge dette koncept legemliggør disse to gudinder færdiggørelsen af viden på to forskellige, men lige legitime måder. Med hensyn til transcendens står Kali for fuldkommen viden. Ligesom nymånen eksisterer hun hinsides det, der kan ses og defineres. Måske kan man argumentere for, at Kali symboliserer viden, der er opnået ved at kaste uvidenhed af sig og skille sig af med al forkert information, mens Sodasi repræsenterer viden, der er opnået ved at akkumulere stigende mængder af viden, indtil man er fyldt med visdom. Førstnævnte ville blive tilbudt under månens aftagende fase, mens sidstnævnte (Sodasi) ville blive foreslået under den tiltagende fase.

Med hensyn til at være altomfattende betegner Sodasi, hvis navn betyder "den sekstende", hel viden eller visdom. Hun inkorporerer alle de foregående femten tithier som den sekstende. De andre mahavidyaer er relateret til de voksende og aftagende månetitider baseret på, hvilken pol de ligner mest.

Den tantriske forsker foreslog, at Chinnamasta, som ligner

Kali i natur eller betydning, symboliserer den første og anden aftagende måne-tithi, mens Bhuvanesvari og Kamala, som begge er forbundet med overflod, repræsenterer de sidste fire tithi før fuldmånen.

Igen, mens denne tilgang kan være gavnlig for nogle få Mahavidyaer, virker den tvungen for de fleste. Det er ofte svært at sige, hvor tæt en bestemt Mahavidya nærmer sig viden som transcendent eller viden som altomfattende.

VENSTRE- OG HØJREHÅNDEDE TANTRISKE GUDINDER

Nogle informanter har antydet, at Mahavidyaerne er forbundet med tantriske højre- eller venstrehåndede stier. Tantrismen foreslår to veje, venstre og højre, som fører til åndelig lyksalighed. Den venstrehåndede vej er forbeholdt heroiske individer, beskrives som farlig og anvender det berygtede panca tattva-ritual, hvor aspiranten indtager fem forbudte ting: kød, fisk, vin, en bestemt type korn (muligvis et stof af en slags) og ulovligt samleje. Tantriske skrifter kan beskrive, hvilken rute der skal bruges, når man tilbeder bestemte Mahavidyaer.

Ifølge Saktisamgama-tantraen foretrækker Kali, Tara, Sundari, Bhairavi, Chinnamasta, Matarigi og Bagala den venstrehåndede vej, mens Bhuvanesvari, Dhumavati og Kamala foretrækker den højrehåndede vej.

Men mange tekster specificerer, at begge veje er passende, og i praksis bliver de fleste Mahavidya-gudinder tilbedt af udøvere af begge veje.

Derfor er det umuligt at kategorisere visse Mahavidyas som hørende til venstre- eller højrehåndsruterne. Hvis man vil opdele mahavidyaerne i højre og venstre, er det vigtigt med fremstillinger, hvor de vises i de 10 retninger med en gudinde eller Siva i midten. Man kan tro, at gudinderne på midtergudindens venstre side hovedsageligt tilbedes via den venstrehåndede rute, mens dem til højre hovedsageligt tilbedes via den højrehåndede vej, men det er ikke tilfældet. Tara, Sodasi og Tripura-sundari er til venstre (øst), mens Bhairavi, Chinnamasta og Bhuvanesvari er til højre, ifølge Mahabhagavatapurana. Disse seks gudinder korrelerer ikke med de venstre- og højrehåndede ruter i nogen konsekvent forstand.

BEVIDSTHEDSFASER

Endelig kan mahavidyaerne ses som symboler på de faser (eller varianter) af bevidsthed, som tantriske aspiranter gennemgår, når de vokser åndeligt. Hver gudinde skænker en forskellig form for fuldkommenhed, velsignelse eller indsigt. Disse fuldkommenheder (siddhis) eller former for bevidsthed, meditative tilstande eller stemninger (bhavas) kan ses som progressive, hvor nogle indebærer eller er mere omfattende end andre.

Denne tilgang til Mahavidyas blev præsenteret af mange kilder uafhængigt af hinanden, og den har en vis tekstlig opbakning.

I denne fortolkning repræsenterer Kali ubegrænset, total bevidsthed om selvet og den ultimative sandhed, fuldstændig oplyst bevidsthed, der har overskredet alle egocentriske begrænsninger. Hun repræsenterer det ultimative mål for tantrisk sddhand (åndelig praksis).

Tara, som ligner Kali af udseende, repræsenterer et højt eller udvidet bevidsthedsniveau, men som ikke helt har overskredet fysiske og personlige begrænsninger. Bagalamukhi indikerer et stærkt koncentreret sind, en øget vilje, der er i stand til direkte at påvirke alle, som adepten kommer i kontakt med.

Lavere bevidsthedsniveauer repræsenteres af Kamala og Bhairavi, hvor adepten er besat af at tilfredsstille fysiologiske og mentale behov. De andre mahavidyaer skildrer bevidsthedstilstande, der udvikler sig mellem adeptens bekymring for verdslige, legemlige eller personlige ønsker og begær og den endelige gryning af Kalis fuldstændigt oplyste bevidsthed.

Det progressive aspekt af sadhana defineres almindeligvis i tantrisk religion som kundalini-shaktis opvågnen, fremkomst og opstigning. Denne feminine kraft eller energi vises som en sammenrullet og slumrende slange ved rygsøjlens basis i et cakra (center), der er repræsenteret som en lotus. Aspiranten vækker denne kraft og får den til at stige op via kernekanalen, susumna nadi, som løber gennem kroppen langs rygraden.

Når kundalini stiger, passerer den gennem seks andre cakraer, som også er repræsenteret som lotusblomster, og vækker eller styrker dem, mens den gør det. Forskellige bhavas, eller "åndelige stemninger" eller bevidsthedstilstande, er undertiden forbundet med hvert cakras opvågning.

Ifølge en adept føler man sig utilfreds med den daglige eksistens, når kundalini shakti dukker op i muladhdra cakra. Kundalini-shakti indikerer med andre ord en længsel efter at overskride eller udvide den almindelige bevidsthed. Endelig ønsker sadhakaen (aspiranten), at kundalini stiger op til hovedets krone, hvor hun vil forbinde sig med Siva og frembringe oplysningens glæde (mahasukha). Når man fortolker Mahavidyas som bevidsthedstilstande, meditative tilstande eller mentale perfektioner (siddhis), kan man betragte dem som symboler på de mentale tilstande, der er forbundet med kundalini-yogaens syv cakraer.

Der er tegn på, at mahavidyaerne er forbundet med cakraerne og kundalini i almindelighed. Bhuvanesvari menes f.eks. at slumre i muladhara-cakraet, det laveste cakra, hvor kundalini sover. Bhuvanesvari menes også at skære knuderne over på (eller vække) cakraerne og stige op for at møde Siva, hvilket betyder, at hun sidestilles med kundalini. Tripurabhairavi er for eksempel kendt som Sat-cakra-krama-vasini (hende, der forbliver i de seks cakraer). Tantraernes rangordning af flere ruter giver vægt til denne tilgang til Mahavidyas. Mange tantraer opregner syv (nogle gange ni) forskellige ruter og definerer og rangordner dem, generelt fra underordnet (med verdslige mål) til overordnet (med transcendente mål). I stigende rækkefølge er de syv ruter: Vedacara, Vaisnavacara, Saivacara, Daksinacara, Vamacara, Siddhantacara og Kaulacara.

Ifølge Saktisamgama-tantraen udgøres den ultimative rute, Kaulacara, af kula, familien af hengivne, der indser sandheden om, at virkeligheden består af shakti og Siva.

Ifølge Mahanirvana-tantraen omfatter Kaulacara-ruten udførelsen af panca makara-ritualet (de fem grundprincipper), og den kan kun gennemføres, når aspiranten er blevet indviet af en guru. Srividya-tilbedelsen er et glimrende eksempel på, at gudinderne legemliggør stigende grader af perfektion. Den indviede opnår mange siddhis eller fuldkommenheder ved rituelt og meditativt at bevæge sig fra de ydre regioner af Srividya-cakraet, som symboliserer hele universet, til centrum. De ydre siddhis er svagere og mere jordiske i deres karakter, mens de indre siddhis er både åndelige og stærke.

Desuden er disse siddhis personificeret som gudinder. Der er også en myte, som forbinder visse guddomme med hvert af de syv cakraer. Dakini repræsenterer muladhara-cakraet, Rakini repræsenterer svddhisthana-cakraet, Lakshmi repræsenterer manipura-cakraet, Kakini repræsenterer andhata-cakraet, Sakini repræsenterer visuddha-cakraet, Hakini repræsenterer ajna-cakraet, og Nirvana-sakti repræsenterer sahasrdra-cakraet.

Uden for denne sammenhæng er disse gudinder stort set ukendte, og kun Lakshmi, som vi kan forbinde med Kamala, er en Mahavidya. Det, der mangler for at gøre mahavidyaernes tilknytning til cakraerne og opstigende bevidsthedstilstande til en overbevisende fortolkning af mahavidyaernes indbyrdes forhold, er en klar tradition, der hævder et hierarki eller en progressiv rangordning af de ti gudinder og konsekvent forbinder hver enkelt med specifikke veje, siddhis eller cakraer.

Selv om en Mahavidya kan være forbundet med en bestemt vej, siddhi eller cakra, er der sjældent et konsekvent mønster, undtagen måske i tilfældet Kali, som ofte er forbundet med Kaulacara-vejen, som anses for at være den højeste. Selvom Mahavidyas er relateret til kundalini shakti, muladhara cakra eller cakraerne generelt, tilskrives Mahavidyas sjældent hvert af de andre cakraer på en forudsigelig måde. Det er også mærkeligt, at der er 10 mahavidyaer i stedet for syv, da de skal repræsentere de forskellige faser af bevidsthed, som kundalini-yoga-aspiranter oplever.

Selvom jeg mener, at denne tilgang giver en nyttig ramme for at tænke over betydningen af mahavidyaerne som gruppe og som individuelle gudinder, er beviserne utilstrækkelige til at sige med sikkerhed, at det er nøglen til at forstå, hvordan de forholder sig til hinanden inden for gruppen. Vi synes ikke at stå tilbage med nogen fuldstændig tilstrækkelig nøgle til at forstå Mahavidyaernes forbindelser. Måske er det bedste, vi kan håbe på, at integrere alle de alternativer, vi har skitseret, eller en delmængde af dem, i vores forsøg på at identificere gruppens sammenhæng og forstå, hvordan en så usædvanlig blanding af gudinder kom sammen for at skabe de ti Mahavidyaer.

TILBEDELSE AF MAHAVIDYAERNE

Mahavidyaerne håndteres i forskellige ceremonielle situationer, og den ene Mahavidyas hengivenhed kan variere fra den andens.

Nogle mahavidyaer har for eksempel gamle og udbredte kulter, som eksisterede og fortsat eksisterer uafhængigt af mahavidyaerne som gruppe.

Det gælder for eksempel Kali, Tara, Tripura-sundari og Kamala. Generelt kan vi forestille os, at deres tilbedelse primært finder sted i to sammenhænge: templer, hvor præster tjener, og folk kommer for at deltage i offentlig tilbedelse, og midlertidige steder, der er afgrænset af individuelle aspiranter, hvor tantrisk tilbedelse udføres, enten med højre eller venstre hånd.

Selv om der er nogle ligheder mellem tempel- og tantratilbedelse, er de meget forskellige i stemning og stil.

MAHAVIDYAERNES TEMPELDYRKELSE

Der er stor forskel på, hvor meget de enkelte Mahavidyas bliver æret i templerne. Der er Kali- og Lakshmi-templer over hele Indien, og disse to gudinder er længe blevet tilbedt på sådanne steder. Andre mahavidyaer, som Dhumavati, Bagala og Chinnamasta, er mindre kendte uden for gruppen, og der er kun få templer dedikeret til dem overalt i Indien.

Kun det ovennævnte tempel i Calcutta har et tempel, der er viet til mahavidyaerne som gruppe, mens mahavidyaerne er repræsenteret som gruppe i talrige gudindetempler i hele Nordindien. En tempeldyrker nærmer sig en Mahavidya som en kærlig tjener, der betjener en kongelig elskerinde. Hele rammen for hinduistisk tempeldyrkelse er bygget op omkring en undersåt, der tjener en kongelig monark. Den hengivne bør være i en tilstand af ydmyg bøn for en højere enhed, som man fremsætter anmodninger til og yder respektfuld tjeneste og ære. Den konventionelle puja i 16 dele, som udføres dagligt, ofte mange gange om dagen i større templer, består af handlinger, som anses for passende for en tjener eller undersåt over for en overordnet, kongelig figur. Den hengivne, som besøger templet - det kongelige hof - medbringer gaver, som er acceptable for guden.

Flere Mahavidyas kræver ud over blomster, røgelse og frugt også blodofringer (som foretages i form af dyreofringer).

Blodofringer siges at formilde Kali, Chinnamasta, Tara og Bagalamukhi, men skikkene er forskellige fra tempel til tempel. Tilbedelse af mahavidyaerne i templerne tilskynder til en åben, offentlig tilgang til dem som kræfter, der er i stand til at skænke de hengivne velsignelser og tjenester, og som er glade for hengiven tjeneste såvel som de offentlige festivaler og festligheder, der er en del af hvert tempels årlige cyklus. Individuelle Mahavidyas menes at være meget lig andre hinduistiske guddomme i forbindelse med tempeltilbedelse. De betragtes som enorme skabninger med en objektiv eksistens uden for den hengivne, og som bor i himmelske riger eller i særlige, hellige boliger, der er bygget til dem på jorden. I dette scenarie er den hengivnes ceremonielle handlinger rettet udad mod den magtfulde enhed, som anerkendes at eksistere hinsides, over eller uden for den tilbedende.

TANTRISKE RITUALER OG TILBEDELSE AF MAHAVIDYAERNE

Mahavidyaerne er nævnt i størstedelen af de tantriske skrifter. Faktisk er det nok rimeligt at omtale Mahavidyaerne som tantriske gudinder først og fremmest, hvilket betyder, at den rette ramme for at forstå dem er tantrisk. Det er indlysende, at de generelt tiltales via tantriske ritualer, og at deres hengivenhed skal forstås i overensstemmelse med tantriske ideer.

Selv om mange tantriske skrifter indeholder detaljerede instruktioner til sekstendelt puja (beskrevet ovenfor), har en sådan puja en noget anden betydning i en tantrisk sammenhæng, som vi vil se. Aspiranten i tantrisk tilbedelse, også kendt som sddhand eller åndelig øvelse, forsøger at opnå en opvågnet eller oplyst bevidsthedstilstand ved hjælp af procedurer, der er fysiske, mentale, ceremonielle og åndelige på samme tid. Identifikationen af makrokosmos med mikrokosmos, som symboliseres af mennesket, især af sadhakaen, udøveren eller adepten, er en vigtig idé i tantrisk sddhand. Adepten afstemmer bevidst dele, aspekter eller dimensioner af sig selv med dele, aspekter eller dimensioner af kosmos ved hjælp af meditationsmetoder, ritualer, billeder, mantraer, yantraer og mandalaer (skematiske diagrammer).

Guderne ses som kosmiske elementer, der korrelerer med

menneskets egenskaber, hvad enten de er mentale, fysiske eller begge dele. Målet med tantrisk sddhand er at identificere sig med den tilbedte gud, at tilegne sig eller vække denne guddom i sig selv og derefter give puja, hvilket i bund og grund betyder at tilbede guddommeligheden inde i sig selv. Alternativt tilbeder man den guddom, der bor i én, i håb om at vække den virkelighed, den repræsenterer i én selv. Tantrisk sddhand-selvdivinisering kan have mange forskellige udfald.

Den indviede kan opnå større selvbevidsthed eller visdom i form af selvindsigt, hvilket typisk sidestilles med at opnå moksa (mukti eller "befrielse"). Det vil sige, at tantrisk sddhand har potentiale til at resultere i forløsende forandring. Eller sådan sddhand kan resultere i forbedret sanseopfattelse, erhvervelse af siddhis, hvorigennem adepten udmærker sig ved en af sanserne eller endda overskrider sanseopfattelsens begrænsninger.

Disse siddhis kan til gengæld føre til nydelser, som tidligere var uopnåelige. Tantrisk sddhand kan resultere i øget eller forstørret mental kapacitet eller kraft, der gør det muligt for udøveren at udføre bedrifter med selvkontrol eller indflydelse på andre. Vi har allerede vist, og vil se mere detaljeret nedenfor, når vi udforsker mahavidyaerne individuelt, at tilbedelse af mahavidyaerne er forbundet med alle disse virkninger eller "frugter" - forløsende viden, udvidet sansebevidsthed, verdslige velsignelser og magiske evner.

En kort beretning om oisdmanya puja, daglig eller normal tilbedelse af gudinden, som den fortælles i Kalika-purana, en litteratur fra det 14. århundrede dedikeret til gudinden i form af Kali, giver os en god fornemmelse af, hvordan Mahavidyas tilbedes i henhold til tantriske principper og ceremonier. Selv om teksten ikke specifikt beskriver tantrisk tilbedelse af mahavidyaerne, giver den en ret detaljeret oversigt over tantriske tilbedelsesfaser, der kan tilpasses enhver given guddom. Ritualet kan udføres stort set hvor som helst, men bogen nævner visse steder, f.eks. en bjergside eller en hule, og siger, at ritualet er mere effektivt, hvis det udføres på et sted, der er helligt for den pågældende gudinde.

Ceremonien kan gennemføres på et hvilket som helst tidspunkt og uden forudgående forberedelse. Den udføres af en person for sig selv (i den følgende beskrivelse antages det, at adepten er en mand, selv om adepten også kan være en kvinde). Det er ikke nødvendigt at have en fysisk repræsentation af guddommen. Ceremonien tager sandsynligvis ikke mere end en time og kan gennemføres på meget kortere tid.

Kalika-purana beskriver en kontinuerlig række af handlinger, selvom ritualet kan opdeles i fire dele:

(1) forberedelse, (2) meditation, (3) tilbedelse af selve gudinden og (4) afsluttende ceremonier.

De indledende procedurer i samanya puja handler i høj grad om at rense adepten og definere et passende sted for begivenheden. Adepten bader, indtager vand (for at symbolisere indre renselse) og beder gudinden om at rense hans sind for urenheder. I dette øjeblik reciterer han også særlige mantraer for at fordrive eventuelt ondsindede ånder.

Den indviede renser derefter sædet for hengivenhed ved at

stænke vand på det. Han inspicerer grundigt de ting, der skal bruges i ceremonien, for at sikre, at de er uden fejl. De blomster, der skal bruges, skal f.eks. være insektfri. Mantraer og vand bruges også til at rense tingene. Derefter skaber adepten en yantra (en skematisk repræsentation) af den guddom, der skal tilbedes.

Mahavidyaerne har for eksempel hver deres egen yantra eller mandala. I anden del af ritualet foretager adepten en række overvejende mentale aktiviteter for at rense sig selv yderligere. Generelt er adeptens symbolske død og opløsning målet for denne del af ceremonien.

Ifølge skrifterne består kroppen af urene komponenter som slim, møg og urin og er som sådan uværdig til at blive brugt som et instrument til tilbedelse. Efter adeptens symbolske død sker der en mental genskabelse af verden og, vigtigst af alt, af gudinden selv. Adepten starter et ritual, der frigør hans livskraft, hans jiva, fra hans krop ved at indtage den rette kropsholdning og udøve åndedrætskontrol. Han forestiller sig, at hans jiva går gennem mange faser, som hver især er forbundet med et ai-element: jord, vand, ild, luft og lyd. Til sidst, i forbindelse med rummet, visualiserer han sin livsenergi forlade sin krop via toppen af hovedet. Dette repræsenterer hans metaforiske død.

Derefter opløser adepten symbolsk sin krop, som symboliserer den fysiske verden som et mikrokosmos af kosmos. Han forestiller sig, at hans lig opløses, så brændes det på et ligbål, så blæser asken væk, og til sidst skyller en regn af ren nektar ind over det område, hvor hans krop har ligget og er blevet brændt.

Ved at reducere universet og sig selv til deres grundlæggende dele har adepten effektivt udslettet både kosmos og sig selv. Hans sidste udrensning er fuldført, og han er nu klar til at blive genfødt.

Adeptens genfødsel og genskabelsen af universet begynder med, at adepten reciterer gudindens frøstavelse (bija). Derefter visualiserer han forskellige aspekter af universet, ofte i form af bogstaver, stavelser eller mantraer. Han afslutter genskabelsen af universet ved at se gudinden selv sidde på en trone i hjertet af kloden, som han forestiller sig som hendes mandala.

Derefter forbinder han sig med gudinden ved at lægge en blomst i håndfladerne oven på hovedet og proklamere: "Jeg er dette." Adepten styrker sin guddommeliggørelse gennem mudraer (håndbevægelser) og mantraer, der forbinder forskellige områder af universet med forskellige dele af hans krop. Han er nu parat til at tilbede gudinden selv, idet han har forsynet sig med en ny guddommelig krop (og virkelig identificerer sig med gudinden selv). Dette starter med intern tilbedelse.

Det vil sige, at adepten forestiller sig, at gudinden og hendes følge bor i hans hjerte. Han fremkalder billeder af gudinden ved at messe hendes dhyana-mantra, som ofte skildrer hende meget detaljeret. Derefter ånder han ud af sit højre næsebor og ned på en blomst i håndfladen og overfører gudinden fra sit hjerte til den yantra, han har skabt på jorden. Mudraer, håndbevægelser, hvormed adepten "fanger" gudinden og installerer hende i yantraen, kan også bruges til at overføre hende til yantraen.

Adepten synger nu for gudinden og behandler hende som en æresgæst og præsenterer hende for forskellige ting, enten bogstaveligt eller psykologisk. Handlingerne ligner tempel-puja, men i modsætning til kompleks og dyr tempel-puja giver adepten ikke gudinden andet end renset vand og blomster i dette ritual.

Under hele denne del af ceremonien instruerer teksten adepten i konstant at gentage gudindens særlige mantra, som siges at være identisk med gudinden selv. Den ydre tilbedelse af gudinden i mandalaen, som kan være en hvilken som helst af de ti mahavidyaer, afsluttes med en sidste offergave, som almindeligvis er ris eller et andet korn.

En adept kan også foretage en blodofring. Kalika-purana vier et helt kapitel til gudindeofringer og de velsignelser, der kan forventes af dem. Kali, Tara og Chinnamasta er glade for blodofre, og derfor anbefales de i deres tilbedelse, men Mahavidyas som Ka - mala accepterer ikke sådanne tilbud.

Adepten afskediger nu gudinden ved mentalt at se hende vende tilbage til sit naturlige opholdssted: himlen, adeptens hjerte eller et bestemt helligt sted. Hvis gudinden forestilles at vende tilbage til den tilbedendes hjerte, lugter adepten til den blomst, der repræsenterer hende, som om han indånder hende, og placerer derefter blomsten på sit hoved. Når gudinden er blevet tilbedt, afslutter han ceremonien ved at slette yantraen eller mandalaen og bortskaffe de resterende offergaver.

Resterne siges at være meget kraftfulde og farlige, og de skal håndteres med ekstrem forsigtighed. Disse rester er forbundet med voldsomme guddomme, som skal formildes, før ritualet kan afsluttes. Samanya puja er et ritual, der guddommeliggør den, der tilbeder. Man genskaber universet og sig selv efter rituelt at have gennemgået sin egen død og opløsning.

Gudinden er forbundet med den tilbedende i denne genskabelseshandling. De to bestemmes til at være fundamentalt ens. I den forstand er samanya puja en form for hengivenhed for både ens egen indre hellige essens og en større guddommelig enhed. Eller i samanya puja, som i bund og grund er tantrisk i sin natur, ærer man sin højeste eller mest essentielle natur, som identificeres med gudinden. Så under samanya puja, som er det mest sandsynlige sted for Mahavidya-tilbedelse, er der fokus på individuel meditation og forbindelse med den pågældende gudinde. I modsætning til tempeltilbedelse er formålet at anerkende gudindens tilstedeværelse i den søgende.

Selvom samanya puja betragter gudinden som både en overordnet enhed, der lever hinsides sadhakaen, og som en indre dimension eller facet af den tilbedende, er vægten lagt på sidstnævnte, især i forhold til tempeltilbedelse. I tantrismen dyrkes Mahavidyaerne også i en konfiguration, der er kendt som den venstrehåndede (Vamacara) sti. Denne form for tilbedelse er især kendetegnet ved panca tattva- eller panca makara-ritualet, også kendt som "de fem forbudte ting".

Ifølge tantraerne er den kun for dem med et heroisk temperament, som er i stand til at gennemføre den uden at skade sig selv. Sadhakaen skal indtage fem ting, som normalt er forbudte eller meget forurenende: kød, fisk, vin, mudra (en slags korn, der kan have hallucinogene egenskaber) og samleje med en kvinde, der ikke er ens kone (ritualet er set fra et mandligt perspektiv).

Ceremonien udføres under opsyn af en guru. De enkelte tekster er forskellige med hensyn til, om dette ritual skal udføres alene eller i en gruppe. Panca tattva-ritualet nævnes ofte i Mahavidya-tekster, hvilket tyder på, at i det mindste nogle af gudinderne bliver tilbedt i denne sammenhæng. Ræsonnementet eller målet med dette ritual synes at være knyttet til at opleve eller levende forstå det grundlæggende faktum, at shakti, gudinden selv eller brahman, gennemsyrer hele virkeligheden, alle ting. Ved at spise forbudte fødevarer anerkender man, at der i sidste ende ikke er noget, der ikke er gudinden, at intet er forurenet, da hun gennemtrænger alt.

Forskelle som "ren" og "forurenende" placerer kunstige kvalifikationer på gudindens kropslige fremtoning. Panca tattva-ritualet forsøger at eliminere en tankegang, der ser universet gennem kunstige menneskelige kreationer, og som ser den grundlæggende forenede verden, som er gudinden (eller brahman, som gudinden ofte forbindes med), som splittet og ødelagt.

Det nøjagtige forhold mellem mahavidyaerne og den venstrehåndede vej, og især panca tattva-ritualet, er uklart. Dette ritual kan være inkluderet i deres hengivenhed, men nogle kan blive tilbedt med enten højre- eller venstrehåndsmetoder.

Måske svarer de voldsomme eller uheldige kvaliteter hos nogle af de mahavidyaer, der tilbedes på den venstre vej, til logikken i panca tattva-ritualet, hvor adepten tvinges til at konfrontere og tage del i forbudte ting. Nogle mahavidyaer, især Kali, Tara, Dhumavati og Chinnamasta, er forbundet med barske realiteter som død, ødelæggelse, alderdom og alderdomssvækkelse. Når man konfronterer disse guddomme og sine bekymringer, frigøres man fra de hæmninger og begrænsninger, de kan forårsage.

OKKULTE KRÆFTER OG MAHAVIDYAERNE

Vi har tidligere berørt Mahavidyaernes forbindelse med magiske evner, men den er så gennemgribende, at vi bør gennemgå den igen, før vi går videre til de enkelte gudinder. Individer, ofte dæmoner, gennemgår asketiske og kontemplative teknikker for at udvikle særlige kræfter, som de forventer at kunne bruge til at opnå magt, rigdom, sex eller anden verdslig glæde eller belønning, ifølge hinduistisk litteratur.

I disse tilfælde er det tydeligt, at de bruger kontemplative og asketiske teknikker til at opnå selviske, verdslige mål snarere end åndelige. I yogatekster står der, at yoga kan føre til erhvervelse af unikke evner (siddhis), men de fraråder, at man hengiver sig til dem og derved fordrejer den åndelige søgen. Andre hinduistiske tekster omhandler specifikt magiske kræfter. Damaratantra er f.eks. helt helliget beskrivelsen af brugen af mantraer til at opnå siddhis, især helbredende, men også dem, der almindeligvis forbindes med Mahavidyas, såsom at forårsage strid, lamme eller besejre en fjende og tiltrække en person af det modsatte køn.

Seks magiske evner (sat karmani) er beskrevet i Phetkarini-tantraen: santi (pacificering), vasikarana (undertvingelse), stambhana (immobilisering eller lammelse), uccatana (udryddelse), vidvesana (så splid) og marana (forårsage død). Denne litteratur, der efter Kali kaldes "den hylende" (Phetkarini), har kapitler om mange af mahavidyaerne og forbinder eksplicit jagten på magiske evner med mahavidyaerne.

De seks magiske handlinger er også nævnt i Salya-tantraen, Dattatreya-tantraen og Uddamara-tantraen. Kalarudra-tantraen "beskriver destruktive ritualer, der skal udføres med hjælp fra frygtindgydende gudinder som Dhumavatis mantraer." Magiske handlinger fylder også meget i Satkarmadipika og Kamaratna. Sarada-tilaka-tantraet (23.122ft.) nævner seks magiske praksisser: santi (helbredelse af sygdom og uddrivelse af onde ånder), vasya (kontrol af andre), stambhana (lammelse af andres aktivitet), vidvesa (skabe splid), uccatana (tvinge nogen til at forlade hjemmet) og marana (dræbe med vilje).

Ifølge Brhaddharma-purana giver Mahavidyas som gruppe evnerne til at eliminere, tiltrække, lamme, myrde ved at ønske det, gøre en person syg, regulere tale, få en person til at ældes og bevare ens ungdom. Det formodes at være Mahavidyas' ansvarsområder. I visse tantriske skrifter er andre grupper af gudinder forbundet med bestemte siddhis. I tantrismens Srividya-skole, som er udbredt i Sydindien, personificerer ti yoginier (kvindelige væsener med magiske kræfter) ti siddhis: kræfterne til at gøre lille, blive let, blive stor, blive overlegen, kontrollere andre, have en uimodståelig vilje, nyde, få alle sine ønsker opfyldt, opnå hvad som helst og kontrollere begær. I denne situation giver gudinderne ikke kun disse evner, men symboliserer dem også eller ligner dem.

Individuelle mahavidyaer forbindes ofte med magiske evner. Matarigi hævdes at give forskellige typer siddhis, især evnen til at få det, man siger, til at gå i opfyldelse (vak siddhi). Kali har en lang historie med at blive forbundet med magiske evner. Kali er ofte hovedgudinden i bengalske marigal kavyas og skænker sine tilbedere magiske evner.

I Kalikdmarigal-kavya bruger helten Sundara f.eks. magiske evner, som han har fået ved at tilbede Kali, til at opdage og vinde heltinden Vidya. Siva nævner i Sakta-pramoda, at Dhumavati primært tilbedes for den siddhi, det er at dræbe sine modstandere. I Saktapramoda finder vi også følgende bøn til Chinnamasta: "Giv mig siddhis og tilintetgør mine fjender." Bagalamukhi er den Mahavidya, der oftest forbindes med magiske evner.

Ifølge Bagaldmukhi-rahasya er hun tilbedt for at lamme, udrydde og kontrollere planeterne. For at få disse forskellige evner er der mange opskrifter. For at få evnen til at dræbe efter behag skal man brænde sennepsolie og blod fra en hun-bøffel i et offerbål, og for at udrydde skal man brænde krage- og gribbefjer.

Ifølge Sakta-pramoda giver tilbedelse af Sodasi (Tripura-sundari) viden om alt og gør en velhavende, giftresistent, myndig i sin tale og sygdomsfri.

Betydningen af magiske evner i Mahavidya-dyrkelsen kan fortolkes ud fra mindst to perspektiver. For det første, og måske ikke overraskende, kan tilbedelse udløses af særlige forhåbninger, frustrationer og behov. En gud kontaktes for at få hjælp. Det er derfor ikke uventet, at Mahavidyas er forbundet med at give en række forskellige gaver og evner. Andre guder giver forskellige tjenester, herunder magiske evner. For det andet tilbeder adepten mahavidyaerne via meditation ved at udvikle og anvende mentale kræfter.

Tantrisk yoga har til formål at vække, udvide og styrke ens bevidsthed. Det er rimeligt, at magiske evner og transformerende viden kan være forbundet med denne proces, og mange af de magiske kræfter, der nævnes, er tæt forbundet med mentale kræfter. Man finder nye niveauer for sine psykiske evner ved at forske i og udvide sin bevidsthed.

Adepten vækker aspekter eller dimensioner af sin bevidsthed og finder ud af, at hans mentale eller psykiske kræfter er betydeligt større, end han kunne have forventet, ligesom kundalini-slangen, der rejser sig og vækker cakraerne og får lotusblomsterne til at blomstre. Forbindelsen mellem siddhis og mahavidyaerne er ikke uventet, da de kan opfattes som facetter eller faser i bevidstheden på den åndelige rejse.

DEN SANDE BETYDNING AF BEGREBET MAHAVIDYAS

D en nøjagtige betydning af mahavidya er "stor viden", men en lidt mindre bogstavelig oversættelse kan være "højeste (eller overlegen eller fuldstændig) viden (eller visdom)". Der er forskellige bud på, hvad ordet betyder i forhold til Mahavidyas natur og funktion. Det er uklart, hvorfor disse 10 gudinder blev valgt på denne måde, selv om forskellige teorier er sandsynlige.

Ifølge to tantriske akademikere i Varanasi er udtrykket dasamahavidya, som henviser til de ti gudinder, teknisk og betyder "ti store mantraer", hvor vidya normalt bruges i denne tekniske betydning i tantriske sammenhænge. Bhaskararaya skriver i sin kommentar til Lalita-sahasrandma: "Forskellen mellem mantra og vidya er, at førstnævnte refererer til mandlige guddomme og sidstnævnte til kvindelige guddomme." I mange tantriske værker, der omhandler eller forklarer Mahavidyaerne, er det første, der sker, at deres mantraer, som kun er nogle få stavelser lange, leveres. Det siges nogle gange, at mantraet både er meget skjult og enormt stærkt. I tantriske sammenhænge antages det, at mantraet er identisk med gudinden. Det er ikke sådan, at mantraet tilhører gudinden, sådan som mange mennesker fortolker forbindelsen mellem guddommen og mantraet; mantraet er snarere gudinden.

Ifølge Jan Gonda er "essensen af et mantra ... tilstedeværelsen af guddommen: Kun det mantra, hvor devataen har afsløret sine aspekter, kan afsløre dette aspekt. Man mener, at guddommen kommer til syne i mantraet, når det udtales korrekt." I hinduismen har man længe troet på, at lyd er virkelighedens kerne.

Begrebet sabda brahman er ældgammelt: Den ultimative virkelighed formidles i sin mest grundlæggende form via lyd. Filosofiske traditioner på højt niveau, såsom Sphota-skolen, er baseret på forestillinger om lyd og vibrationer som væsentlige og grundlæggende aspekter af eksistensen. I forbindelse med denne understregning af lydens betydning som grundlæggende for den ultimative virkeligheds natur er hinduismens lige så gamle vægt på effekten af mantraer eller hellige ytringer. Mantrarecitation, især vedisk mantrarecitation, er et grundlæggende aspekt af de fleste hinduistiske ceremonier. Mange ritualer anses faktisk for at være ineffektive, medmindre kvalificerede præster udtaler mantraerne korrekt.

Desuden var det kun en udvalgt gruppe mennesker, kendt som brahmaner, der kendte de vediske mantraer, og det var forbudt at sige dem på steder, hvor ukvalificerede mennesker, som f.eks. kvinder eller medlemmer af lavere kaster, kunne høre dem. Mantraer blev generelt hentet fra hellige skrifter, og deres kraft blev anset for at være praktisk talt ubegrænset; de blev strengt bevogtet af en mandlig elite af høj kaste. På samme måde holdes en sadhakas gurus mantraer hemmelige i tantrisk sddhand, og de siges at være umådeligt potente.

En guru kan f.eks. i smug formidle et gudinde-mantra til en sadhaka under et ritual; guruen har valgt det specifikke mantra som passende for adepten. På trods af den almindelige misforståelse, at mantraer er offentlige, fordi de er inkluderet i trykte versioner af tantraer og kan bruges åbent på grund af deres virkning, bliver mantraer i virkeligheden formidlet af en åndelig mester under en nøje overvåget åndelig bestræbelse.

Forestillingen om, at de 10 Mahavidya-gudinder dybest set er ti mantraer, og at navnet dasamdhavidya bogstaveligt talt kan betyde "ti store mantraer", er acceptabel. Hvad mere er, gudinden, som er mantraet, dukker kun op eller eksisterer kun, når mantraet bliver sunget. Hun forbliver i dvale, medmindre en bestemt adept tilkalder hende med det mantra, der er hendes levende essens. Måske kan betoningen af, at den indviede og gudinden er ét, forstås på denne måde i tantrisk sammenhæng. Den ene kan ikke og eksisterer ikke uden den anden.

Det er dog svært at lade spørgsmålet om begrebet mahavidya ligge her. Forskellige andre har bemærket begrebets betydning uden at fremhæve eller endda bemærke dets relation til de ti gudinde-mantraer. Vidya betyder "viden" og kan vedrøre praktisk viden, viden om kunst og videnskab eller transformerende viden.

Ifølge andre er udtrykket knyttet til forestillingen om, at de ti gudinder giver eller afslører visse former for visdom.

Ifølge en moderne forsker er "disse [Mahavidyaerne] repræsentanter for transcendent viden og magt, kilderne til alt, hvad der kan vides."

Ifølge en anden forsker er Mahavidyas "ti objekter af

transcendental viden ... der betegner de forskellige grader og stadier af eksistens."

Ifølge en anden forsker er Mahavidyaerne navngivet således, fordi de er "kilderne til alt, hvad der skal vides".

En anden forsker mener, at Mahadevi skaber trældom, som kaldes avidya, men at hun også giver frihed, som kaldes vidya. De ti Mahavidyas er derfor 10 former, hvor gudinden opnår oplysning via frigørende viden.

En anden forsker forbinder vidya med shakti, som han hævder ligger til grund for og gennemtrænger alt. Faktisk sidestiller han vidya med brahman, den grundlæggende virkelighed. Vidya er saccidananda (væren, bevidsthed og lykke), ligesom Brahman.

Som følge heraf legemliggør eller kommunikerer mahavidyaerne den ultimative magt og hele viden. Hver af disse fortolkninger af ordet mahavidya går ud over den tekniske definition af "mantra" for at anvende den mere generelle betydning, "viden", på de ti gudinder.

At se gudinderne som dem, der skænker stor viden eller visdom, er i overensstemmelse med den bredere forbindelse mellem gudinder og viden, der ses i hele sakta-litteraturen. Mange litterære hentydninger identificerer gudinder eller den store gudinde som identisk med eller forbundet med viden, intelligens eller andre mentale træk, der er forbundet med viden og visdom. Durga omtales som Mahavidya to gange (1.58 og 11.21) og Vidya en gang (1.44 og 4.8) i Devi-mahatmya.

Desuden er hendes identifikation med vidya i disse vers klart relateret til frigørende viden. I Devi-mahatmya er Durga også forbundet med buddhi, "intellekt", fire gange. * I den sidste scene i Devi-mahatmya skænker gudinden befriende visdom (vidya) til købmanden Samadhi (13.16).

Durga er også forbundet med buddhi i Brahma-vaivartapurana og er kendt som Buddhirupa, "hun, hvis form er intellekt". Durga er også forbundet med cetana, "bevidsthed", ifølge Devi-mahatmya (5.13). Gudinden formodes at have den ultimative viden, paravidya, og at præsentere sig selv som flere gudinder: Gariga, Durga, Savitri, Lakshmi og Sarasvao i Mahabhagavata-purana."

Gudinden identificeres med viden og visdom i flere af de epiteter, der indgår i Lalita-sahasrandma, en berømt gudindehymne: Mahabuddhi, "stor intelligens" (nr. 2 2 3), Vijnanabhanarupini, "hun, hvis form er en masse viden" (nr. 253), Prajnatmika, "hun, som er selve visdommen" (nr. 261), Mati, "intelligens Devi-bhagavata-purana refererer ofte til tekstens hovedguddom som Vidya eller Brahmavidya, hvilket betyder "viden om brahman (den højeste virkelighed)".

Mahabharata har nogle af de første forekomster af feminine væsener med navnet Vidya. Vidya, et kvindeligt væsen, omtales som en del af Parvatis følge (3.221.20), mens Vidyas, en gruppe kvindelige væsener, beskrives som ledsagere af guddommen Brahma (2.11.15). Forbindelsen mellem den tekniske definition af mahavidya som "stort mantra" og fortolkninger, der understreger, at ordet betyder "viden" eller "visdom", stammer fra den tantriske forestilling om, at mantraer vækker bevidsthed og udvider sanserne og intellektet. Der skelnes udelukkende mellem midler og mål. Mantraer er den måde, hvorpå viden realiseres. De ti mahavidyaer er i denne forstand de 10 store mantraer, hvorigennem visdom opnås, vækkes eller findes indeni.

OBSERVATIONER OM MAHAVIDYAERNE

Selv om den indeholder nogle velkendte gudinder som Kali og Lakshmi, er de fleste af dem kun lidt kendt uden for denne gruppe, og flere af dem er påfaldende usædvanlige (især Chinnamasta, Dhumavati og Bagalamukhi). Gruppen udviser ikke de kvaliteter og funktioner, der er typiske for sakta-hinduismen, men alligevel anses de ofte for at symbolisere Mahadevi i hendes mange inkarnationer.

Flere tekster og sekundære kilder antyder, at de opsummerer eller afgrænser Mahadevis vigtigste karakteristika på en eller anden måde. Ikke desto mindre mangler gruppen mange karakteristika, der forbindes med sakta-teologi og -religion. For eksempel mangler gruppen det tætte forhold til hellige steder, som er almindeligt i hinduistiske gudindetraditioner. Uden for Mahavidyas har Kali mange fremtrædende templer, og hun forbindes ofte med fortællingen om saktapithas, som har et geografisk motiv. Det mest kendte af disse Kali-templer er Kalighat (som Calcutta er opkaldt efter). Tara har ligesom mahavidyaerne en række bemærkelsesværdige hellige steder. Tarapith i Birbhum-distriktet i Bengalen er nok det mest kendte. Lakshmi (Kamala) har en række velkendte templer af regional eller lokal betydning, som forbinder hende med den lokale kultur og det lokale land.

Men dette geografiske træk ved Kali, Tara og Kamala bliver

næsten ikke fremhævet i forbindelse med deres Mahavidya-pligter. De værker, der undersøger og skildrer Mahavidyaerne, synes ikke at være optaget af at kommentere eller fremme, hvordan disse gudinder er forbundet med hellig geografi i deres egne kulter. På samme måde diskuteres sakta pitha-historien sjældent, på trods af at pithaerne i fortællingen alle udspringer af Satis lig, som er Mahavidyaernes oprindelse i de puranske fortællinger (se ovenfor). Det er også værd at bemærke, at mahavidyaerne, både som kollektiv og individuelt, sjældent identificeres med geografiske gudinder som Gariga, på trods af at Mahabhagavata-purana fortæller historier om både Gariga og mahavidyaerne. Det er umuligt at undgå den konklusion, at mahavidyaernes betydning og funktion kun er meget svagt knyttet til hellig geografi, på trods af at det ofte er helt afgørende i forbindelse med andre gudinder og gudindekulter. For at låne Diana Ecks udtryk, så mangler Mahavidyaerne et klart "lokativt aspekt", som er et særligt kendetegn ved hinduismen og de fleste hinduistiske gudindekulter. Mahavidyaerne har ringe eller ingen affinitet til "organiske symboler" for det hellige, såsom bjerge, floder, flodbredder eller flodsamlinger.

Et andet træk, der kendetegner mange hinduistiske guder, er deres fravær af hår. De har stort set intet forhold til moderskab, frugtbarhed eller udvikling. De afbildes sjældent som mødre, og de omtales sjældent med moderlige epiteter, mens de har navne, der forbinder dem med skabelsen generelt, især i deres noma stotras (hymner bestående af navne eller epiteter). På samme måde er de, bortset fra deres forbindelse med mahavidyaerne, kun svagt forbundet med frugtbarhed og udvikling, som er fremtrædende temaer i kulten af andre gudinder. Mahavidyaerne bliver sjældent påkaldt for afkom eller frugtbarhed.

Et andet karakteristisk træk ved hinduistiske gudinder er deres funktion som gemalinder. Som ægtefæller eller ledsagere er mange af dem identificeret med bestemte guder. Dette er en meget lille del af Mahavidyas. De bliver praktisk talt aldrig vist eller nævnt uden en partner. Selvom de kan være forbundet med en mandlig guddom, som regel Siva, i deres nama stotras, er han sjældent afbildet sammen med dem, og når han er det, er han underordnet dem. Kali og Tara ses f.eks. stående på hans liggende krop, mens Tripura-sundari ses siddende på en trone, hvis ben repræsenterer de fire mandlige guder (Brahma, Vishnu, Siva og Rudra). Mahavidyaerne er autonome som et kollektiv og som individuelle gudinder inden for gruppen. Det er især bemærkelsesværdigt i tilfældet Kamala, som ellers er kendt som Vishnus ægtefælle, fordi han ikke er repræsenteret sammen med hende, når hun afbildes som en af mahavidyaerne. Hendes dhyana-mantra afbilder hende uden ham og foretrækker det meget gamle billede af Gaja-Lakshmi ledsaget af elefanter, der overøser hende med vand fra deres kufferter eller potter. Hendes hustrulige tilhørsforhold og ansvar er ikke vigtigt for hendes status som Mahavidya. Mahavidyaernes rolle i opretholdelsen af den kosmiske orden, dharma, er ligeledes begrænset. Mange gudinder, især den dæmondræbende Durga, ser deres funktion som beskytter og opretholder af dharma som grundlæggende. Som tidligere nævnt er Mahadevis indtagelse af passende former for at bekæmpe dæmoner og bevare kosmisk balance og harmoni et vigtigt aspekt af sakta-teologien i forskellige skrifter. Faktisk sidestilles mahavidyaerne ofte med Vishnus avataraer, eller det hævdes, at avatarerne er identiske med eller nedstammer fra mahavidyaerne. Deres nama stotras giver også bestemte mahavidyaer epiteter, der antyder en verdensopretholdende funktion.

Men hverken mahavidyaerne som gruppe eller som individer fremhæves i deres ikonografi og mytologi.

AFSLUTTENDE TANKER

Efter at have fokuseret på Mahavidyaerne som helhed og på dem hver for sig, vil jeg gerne kommentere nogle få særligt slående elementer eller temaer og forsøge at besvare nogle spørgsmål om dem.

KREMERING OG LIG

Lig forbindes ofte med mahavidyaerne, og kremeringssteder synes at være populære steder at tilbede dem. Det siges, at Kali, Tara, Bagalamukhi, Tripura-sundari, Matarigi og Bhairavi alle står eller sidder på lig. Kremeringssteder nævnes eller vises ofte som hjem for Kali, Tara, Chinnamasta og Dhumavati. Mantra-mahodadhih specificerer ved flere lejligheder, at sadhana (åndelig indsats) skal udføres, mens man sidder på et lig eller på et sted, hvor et lig lige er blevet begravet. For eksempel står der i bogen, næsten tilfældigt: "Bring et lig på en tirsdag eller lørdag, begrav det en fod dybt i jorden under husets dør." Derefter skal man sidde i den stilling og lave japa [gentagelser] hver dag... Efter otte dage med sådan Japa bliver [sadhakaen, "adepten"] kongen af mange Siddhis ["fuldkommenheder", magiske evner]." Sadhakaen instrueres igen i den samme tekst: "Siddende på en Savasana [et ligsæde] skal sadhakaen begynde Japa ved solopgang og fortsætte den uden pause indtil næste solopgang."

Sadhakaen bliver modig og mester i mange Siddhis som et resultat af denne [procedure]." Mantramahodadhih siger om mantra-styrkelse eller perfektion, som primært opnås gennem gentagelse: "En Sadhaka, der sidder på et lig og udfører en lakh (100.000) [gentagelser] af dette mantra, hans mantra bliver potent, og alle hans elskede ønsker bliver snart opfyldt." Mantra-mahodadhih diskuterer den relative effektivitet af mange "sæder", herunder komaldsana, som anvender et aborteret foster eller liget af et femårigt barn, og vistarasana, som er dannet af flettet græs og "indviet med et lig".

Tantrasdra, som er et Mahavidya-fokuseret værk, har grundige beskrivelser af både Sava sadhana (åndelig indsats med et lig) og cita sadhana (åndelig indsats på et kremationsbål). Disse ritualer er ikke angivet som værende specifikke for nogen af mahavidyaerne, og derfor vil begge procedurer sandsynligvis være acceptable i tilbedelsen af enhver eller i det mindste nogle af mahavidyaerne. Det er vigtigt at overveje disse forbindelser, hvis vi skal få et kendskab til visse mahavidyaer såvel som gruppen som helhed. De ser ud til at være relateret til en spiritualitet, der fokuserer stærkt på dødsbilleder som gruppe. Det er nok mest tydeligt i tilfældet med Kali, gruppens første og mest betydningsfulde medlem.

Men lig og kremeringspladser er fremtrædende i beskrivelser af flere andre gudinder, og tilbedelse af næsten dem alle siges at være mest effektiv, når den udføres på en kremeringsplads. Det er let at tro, at dette dødsbillede kommer fra hinduismens strenge, verdensfornægtende skole, hvor afkald på verdsligt begær er altafgørende. Dødsbilleder og dødsriter giver mening i denne sammenhæng, fordi de styrker den forsagende persons forpligtelse til at søge åndelig frigørelse ved at give afkald på verdens fristelser.

Meditation over døden sætter jordiske glæder i perspektiv, så deres tiltrækningskraft kan reduceres eller helt elimineres. Og lig og kremeringspladser spiller uden tvivl denne rolle i Mahavidya-sadhana. Ligbrændingspladsen fungerer også som en "forbudt ting", en slags sjette tattva, som den heroiske sadhaka må konfrontere for at kunne se virkelighedens underliggende natur, som er, at alle ting, uanset hvor forurenede eller forfærdelige de er, er gennemtrængt af shakti (energi eller kraft). Meditation på, meditation i eller ophold på et kremeringssted er en spirituel test. Den indviede oplever "samddhi [øget eller intensiveret bevidsthed] af rædsel", som får ham eller hende til at se ud over eller gennem verdens tiltrækningskraft til underliggende åndelige realiteter. Gudinden selv siges nogle gange at udsætte de mandlige guder for lignende prøvelser.

I Mahabhagavata-purana antager hun en frygtelig skikkelse for at sætte Brahma, Vishnu og Siva på prøve. Brahma vender hovedet væk fra hende, og Vishnu lukker øjnene og dykker ned i havet. Kun Siva kan blive ved med at stirre på hende, og til gengæld for denne heroiske evne giver hun ham fordelen af at blive en stor yogi. I en lignende situation viser gudinden sig som et råddent lig for de tre mandlige guder. Siva forvekslede hendes lugt med behagelig røgelse og bar hendes krop på sit bryst. Ved at indsætte sin lingam i hendes yoni belønner gudinden ham. Den tantriske sadhaka bliver sat på prøve på kremeringspladsen. Den åndeligt søgende skal være i stand til at opdage gudindens tilstedeværelse selv i de mest forfærdelige og forurenede genstande og situationer. Noget tyder på, at ligbrændingssteder af og til bliver brugt til tantrisk kultindvielse. "Fordi indvielsesritualer ofte involverer den indviedes symbolske død og genfødsel, synes en kremeringsplads at være et passende sted." Det er et sted for metamorfose, hvor folk dør til en måde at være på og genfødes i en anden. Det er stedet for den mest dybtgående menneskelige metamorfose, overgangen fra liv til død. Hvis kandidatens indvielse i en tantrisk sekt skal repræsentere en radikal forandring, er kremeringsstedet et fremragende valg.

Men der synes at være noget mere involveret i brugen af lig og kremeringspladser, da det ofte er tydeligt, at de, der udfører disse ritualer, ikke giver afkald på verden, ikke er engageret i asketisk praksis, ikke primært er optaget af at bekræfte den underliggende guddommelighed i det forbudte eller forurenede og ikke gennemgår tantrisk kultindvielse. Det er også indlysende, at de ambitioner, der driver denne form for spiritualitet, ofte er verdslige: magt over ens modstandere, kongelig autoritet, veltalenhed og så videre. Målet med denne sadhana synes at være at opnå velstand og velfærd i verden, snarere end at sejre over verdens fristelser eller endda at se forbi dens illusoriske fernis til dens underliggende sandhed som sakti. Lig og kremeringssteder synes at tjene som mere end dramatiske påmindelser om det verdslige livs flygtige natur og meningsløsheden i kropslig og mental stræben, og derfor som passende tilbehør eller omgivelser for den åndelige søgen. De synes også at fungere som ting og steder med magt, via hvilke eller i hvilke utrolige bedrifter kan udføres. Magt synes at tilfalde dem, der omgås lig og besøger kremeringssteder. Hvorfor er dette muligt? Det er indlysende, at bøger, der beskriver mahavidyaerne og deres tilbedelse, antyder tilstedeværelsen af et åndernes rige, der løber parallelt med og griber ind i den fysiske verden.

Denne forestilling overlever og dominerer i høj grad den moderne hinduisme i både dens populære og polerede litterære former. Guder, gudinder, raksasas, asuras, vetalas, yoginis, dakinis, gandharvas, kinnaras, siddhas, bhutas, pretas, pischas, nagas og andre slags væsener, som ikke er synlige under normale omstændigheder, men som fra tid til anden dukker op i den fysiske verden, er blandt beboerne på denne planet. Alle disse væsener er enten stærkere end mennesker eller besidder en eller anden evne eller snilde, der overgår typiske menneskelige evner.

Deres optræden i menneskets synlige verden kan være nyttig eller skadelig, uventet eller planlagt. Sygdom, uheld og ulykker er eksempler på destruktive og uventede udbrud. De tilskrives ofte handlinger fra bhutas og pretas (døde ånder, spøgelser), men også handlinger fra andre fjendtlige ånder eller guder. Sådanne udbrud kan skyldes enten dårlig karma hos offeret (som har skabt sygdommen ved onde handlinger eller tanker) eller uopfyldte følelser eller behov hos ånden, som forsøger at tilfredsstille dem ved at besætte det menneskelige offer. En stor del af hinduistisk teologi og praksis handler om at forebygge eller håndtere sådanne fjendtlige indtrængen i menneskelige anliggender. På den anden side søger en stor del af hinduernes ritualer og praksis kontakt med den usynlige verden af forskellige årsager, og de fleste tantriske ritualer bør fortolkes i dette perspektiv.

Tantriske ritualer bruges ofte til at bygge bro mellem den synlige og den usynlige verden, enten ved at give sadhakaen mulighed for at slutte sig til åndeverdenen eller ved at opmuntre eller tvinge åndeskabninger til at dukke op i den synlige verden. Sadhakaens formål er ofte at få en velsignelse, som regel i form af en eller anden form for styrke eller evne, fra et væsen i åndeverdenen, som regel en gud, nogle gange en af mahavidyaerne. Man mener også, at det at kontakte åndernes rige med vilje (i modsætning til at blive kontaktet af dem ved et uheld) er vanskeligt, farligt og ofte forfærdeligt. Det er her, at betydningen af lig og kremeringssteder i tantrisk tilbedelse bliver tydelig. Hvor kan man søge at komme i kontakt med den usynlige, åndelige verden? Hvor kan grænsen mellem den synlige og usynlige verden være mest gennemtrængelig?

Kremeringspladsen er utvivlsomt en af dem. Det er det sted, hvor alle mennesker etablerer kontakt med åndernes rige, når de bevæger sig fra liv til død. Døden er faktisk i høj grad overgangen fra en væremåde til en anden, fra et fysisk til et ikke-fysisk væsen. Kremeringsstedet er den "terminal", hvor sådanne overgange jævnligt finder sted. Det betyder en mere eller mindre permanent "åbning" til åndernes verden og de væsener, der bebor den på denne måde. Det er en korsvej for ånder, hvor de går fra et rige til et andet. Det er et overgangsrum mellem verdener, hvor der sker drastiske ændringer, og hvor verdenskontakt er ret hyppig. Lig, især af nyligt afdøde, fungerer som transportmidler fra en verden til en anden.

En nyligt afdød person, især hvis de nødvendige dødsritualer endnu ikke er udført, forbliver i den fysiske verden på trods af, at han eller hun allerede er blevet omdannet til en åndelig enhed. Han eller hun er så at sige en liminal enhed med en fod i begge verdener. Han eller hun er på vej til "den anden verden"; at ride på personens krop, eller på anden måde omgås eller dominere den, er det samme som at foretage denne overførsel. Der er flere henvisninger til at genoplive eller tage kontrol over et lig eller den ånd, der bebor det. Uddisa-tantraen har mantraer til genoplivning af et lig. Kathasaritsagara inkluderer også genoplivning af lig, at få magt over dem, så de kan bruges efter forgodtbefindende, og at få evnen til at flyve ved at indtage menneskekød. Andre kilder siger, at "døde og rådnende lig, der er nedsænket i nærheden af kremeringspladser, stadig bringes til live af kraften i sadhakas mantraer og bringes til at yde hjælp til sadhana og siddhi." Disse referencer viser, at et lig er en numinøs genstand, der kan bruges til at kommunikere med åndeverdenen og opnå kræfter og evner, der er forbundet med åndevæsener.

KRANIER OG HALSHUGNING

E t andet bemærkelsesværdigt aspekt af Mahavidya-billeder er den fremtrædende plads, som kranier og afhuggede hoveder indtager. Kali, Tara, Chinnamasta, Matarigi og Bhairavi bærer alle kranser af kranier eller afhuggede hoveder og hævdes nogle gange at holde et nyligt afhugget hoved eller et kranium i deres hænder. Taras og Kalis hår er ligeledes prydet med kranier. Nogle tekster om Mahavidya-dyrkelse foreskriver også kranier som sæder, hvorpå man kan udføre effektiv sadhana.

Ifølge Mantra-mahodadhih skal sadhakaen transportere et menneskekranie til et ensomt sted i skoven, rense det, begrave det og bede, mens han sidder på stedet. Det mest dramatiske eksempel på et afhugget hoved i Mahavidyas er selvfølgelig Chinnamasta, som havde hugget sit eget hoved af.

Selv om jeg diskuterede betydningen af kranier og afskårne hoveder i emnet om Chinnamasta, er der grund til at se nærmere på deres dominans blandt Mahavidyas. Den mest åbenlyse fortolkning af disse kranier og hoveder er, at de bruges til at ofre hoveder. Ofring af dyr (og nogle gange mennesker) var ret udbredt i hinduistisk religion, og ofret blev ofte dræbt ved halshugning. I den vediske periode blev mange guddomme ofte tilbudt dyreofre; senere blev de fleste blodofre rettet mod gudinder.

Blodofring er næsten altid forbundet med bestemte

guddomme i moderne hinduisme, som opretholder et flere hundrede år gammelt ritual. Daglige ofringer, hovedsageligt af geder og fjerkræ, udføres ved visse gudindetempler. Næsten altid bliver dyrets hoved skåret af og ofret til gudindens billede, ofte på et fad. Tantrasara afsatte et afsnit til lokkemad, "blodofring", og gør det klart, at halshugning er den korrekte teknik til at myrde offeret (som ifølge bogen kan være et menneske).

Flere af Mahavidyaerne bærer eller sidder på afhuggede hoveder, som kan tolkes som offergaver. Det faktum, at disse menneskehoveder normalt er mandlige i Mahavidya-billeder, afspejles stadig i den nuværende praksis, som stort set altid bruger mandlige dyr.

Men en anden fortolkning af kranier og afhuggede hoveder synes at være mulig og er mere i overensstemmelse med betydningen af lig og kremeringspladser i Mahavidya-dyrkelsen og -ikonografien. Det afhuggede hoved (eller kraniet), især når det bæres som dekoration af en af Mahavidya-gudinderne, kan repræsentere ændret bevidsthed. Sadhakaen søger et direkte møde med åndeverdenen gennem spirituelle øvelser på kremeringspladsen og med lig for at opnå kræfter, der forbindes med åndevæsener: overlegen magt eller endda almagt; udvidet viden eller alvidenhed; transcendens af tid og rum, herunder forudanelse og clairvoyance; og evnen til at ændre form efter ønske, blive lille eller let eller flyve.

Alt i alt stræber adepten efter at overskride den kropslige, jordbundne menneskelige eksistens på en eller anden måde ved direkte interaktion med åndernes rige. Den kendsgerning, at disse åndelige evner ofte betyder overskridelse af kropslige begrænsninger og bevidsthedsudvidelse, bevidsthedens evne til at drive uden for kroppen og rejse efter behag, indebærer en adskillelse af krop og sind, sindets frigørelse fra kroppen. De afhuggede hoveder og kranier kan repræsentere sadhakaer, som har opnået disse resultater med hjælp fra en bestemt guddom eller ved egen indsats.

De kan ses som et symbol på ændret bevidsthed på to måder. For det første har de opnået status som åndelige væsener ved at dø; emnet symbolsk død i mange religioner tjener netop dette formål, nemlig at give et levende signal om et alvorligt skift i status. For det andet kan afhuggede hoveder repræsentere en bevidsthed, der har overskredet grænserne for den fysiske, verdslige eksistens: Sindet (repræsenteret af hovedet) har forladt kroppen og er ikke længere forbundet med eller begrænset af den. Et tilbagevendende tema i alle verdens religioner er en åndelig mesters ønske om at lære strategier til at overskride den menneskelige situation.

Shamaner og mystikere er to eksempler på dette. Begge tager på spirituelle rejser for at få en uforstyrret og transformerende oplevelse af åndernes rige, og for at gøre det udholder de ofte metaforisk død og lemlæstelse. Shamanen hævdes ofte at blive flået i stykker af åndelige væsener, som senere samler hans eller hendes krop med ubrydelige dele, hvilket symboliserer en ny, transcendent tilstand. Pagal Haranath (f. 1865), en bengalsk Vaisnava, berettede om en sådan opløsning. Han gled ind i en dyb trance, mens han rejste rundt i Kashmir. Caitanya, en stor bengalsk Vaisnava-reformator, kom til ham og adskilte hans krop i 64 dele, som han efterfølgende rensede.

Haranaths krop blev rekonstrueret med magiske, shamanistiske evner, dvs. udvidet bevidsthed. Før mystikere oplever glæden ved at være forenet med det guddommelige, oplever de ofte en "sjælens mørke nat", hvor det føles, som om de er døde. Tantriske sadhakaer dør symbolsk på kremeringspladsen sammen med lig, før de træder ind i åndernes rige, hvor de samles igen som åndelige væsener, der er udstyret med åndelige kvaliteter, som overskrider det jordiske livs grænser. Gudindernes afskårne hoveder kan repræsentere både den metaforiske død og den sejrende sadhakas transcenderende bevidsthed. Denne opfattelse understøttes af det faktum, at alle disse afhuggede hoveder ser ud til at være i fred og tilfredse.

HELLIG SEKSUALITET

Vågen bevidsthed og seksualitet Implicit og eksplicit seksuel symbolik dominerer Mahavidya-billeder, mytologi, hengivenhed og ritualer. Dhyana-mantraerne og billederne af Kali, Chinnamasta og Tara viser åbenlyst seksuelt samkvem, mens de fleste af de individuelle Mahavidyaer betragtes som seksuelt tiltrækkende og stærke. Mytologien omkring fødslen af visse Mahavidya-gudinder (for eksempel Chinnamasta og Matarigi) understreger seksuel spænding. Mahavidya-antraerne indeholder implicitte seksuelle metaforer, og kernemetaforen om at vække kundalini-shakti kan læses som seksuel energistimulering. De fleste Mahavidyas kan også tilbedes gennem panca tattva-ritualet, hvor samleje er den kulminerende handling. På dette tidspunkt fortjener betydningen af seksuelle billeder i Mahavidya-tilbedelse og -ikonografi yderligere diskussion og undersøgelse. Seksuelle billeder i Mahavidya-tekster skal forbindes med tantrisk filosofi og ritual, som udgør den vigtigste religiøse baggrund. Dette billedsprog kan forstås på mange, men forbundne niveauer. Det seksuelle billedsprog symboliserer i sin mest abstrakte form den tantriske forståelse af virkeligheden som et dynamisk samspil og en spænding mellem de to store principper, Siva og Sakti. Siva og Sakti, som er virkelighedens fundamentale underliggende principper, de grundlæggende komponenter i universets iboende struktur, kan bestemt fortolkes på mange forskellige måder.

Flere sofistikerede filosofiske systemer er blevet bygget på betydningen og fortolkningen af disse to principper, hvoraf det mest imponerende er Kashmir Saivism. Siva og Sakti er til stede i kønnenes gensidige tiltrækning og komplementaritet, og de er iboende og legemliggjort i individuelle mænd og kvinder på niveauet for menneskeligt liv og menneskelig interaktion. Seksuelt begær, seksuel adfærd og samleje i tantra afspejler virkelighedens underliggende struktur, som er udtryk for Sivas og Saktis dynamiske, energiske, kreative og harmoniske forhold.

Seksuelle billeder gennemsyrer de yantraer og mandalaer, der er knyttet til alle Mahavidya-gudinderne, på et mere håndgribeligt, men stadig ret kodet niveau (ligesom det er tilfældet med tantrisk mandalakonstruktion og symbolik i almindelighed). Yantraens primære former, trekanten og lotusen, har begge seksuelle implikationer. Trekanten, især når den peger nedad, repræsenterer vulvaen. Fallos repræsenteres nogle gange som en trekant, der peger opad. Når de to overlapper hinanden, som i de fleste yantraer, der symboliserer separate Mahavidyas, symboliserer de seksuel forening.

Et andet kendetegn ved yantra-design er, at der er en lille prik, en såkaldt bindu, i midten af diagrammet. Denne prik formodes ofte at symbolisere enten foreningen af de to principper Siva og Sakti eller det mandlige frø, især når den er omgivet af en nedadpegende trekant i midten af yantraet.

Lotussen har også seksuelle implikationer. Den bruges ofte som et symbol på skabelse, som kilden til al skabelse eller som beholderen for al skabelse. Kosmos afsløres, når den åbner sig og blomstrer. I denne optik betegner den livmoderen, som universet udspringer af, og kan være forbundet med Saktis livmoder eller kønsorgan, hvorfra skabelsen udspringer og begrænses.

Mahavidya-yantraerne er desuden ladet med en samling kræfter - mandlige og kvindelige guddomme - som er placeret forskellige steder i mønsteret. Under sadhana inkorporerer sadhakaen disse energier i yantraen ved at skitsere eller afbilde dem. Kronbladene på den indre lotus i mange Mahavidya-antraer er ladet med tilstedeværelsen af forskellige typer Rati og Kama, guddomme, der især er forbundet med seksuel styrke og begær. Mahavidya-antraerne kan generelt betragtes som skematiske repræsentationer af seksuelle billeder og bærere af seksuel kraft.

Yantraerne, som er skematiske afbildninger af både den pågældende gudinde og universet generelt, som hun siges at legemliggøre, formidler troen på, at virkeligheden i sin kerne er seksuelt ladet. Til gengæld ses yoni som en yantra. Det hævdes, at den indeholder alle universets funktioner i mikrokosmos i fundamental form. I diskussionen om yoni-puja siger yoni-tantraen, at yoni er en manifestation af Devi (den store gudinde).

Desuden mener man, at Devi præsenterer sig selv i form af Mahavidyas. Hver Mahavidya er forbundet med et bestemt område af yoni. Seksuelt billedsprog ses ofte i Mahavidya-ikonografien. Kali og Tara ses nogle gange kopulere med Siva, og et kopulerende par, typisk identificeret som Kama og Rati, optræder i Chinnamastas og Taras billedsprog.

Seksuelle temaer og handlinger er også vigtige i tantriske ritualer i forbindelse med Mahavidyas. Den kulminerende handling, den femte makara, i panca makara- eller panca tattva-ritualet er maithuna, hvor sadhakaen og hans shakti har seksuelt samkvem.

Ifølge Tantrasara er denne handling meget ritualiseret. Den indebærer en grundig udrensning af forskellige komponenter samt sadhakas udstrakte tilbedelse af sin kvindelige partner (bogen er skrevet ud fra et maskulint perspektiv).

Ifølge nogle kommentatorer er hovedformålet med ritualet, at sadhakaen skal vise, at han har overvundet sine seksuelle lyster. De hævder, at manden under samlejet ikke ejakulerer, men i stedet omdirigerer sin sæd "opad" eller indad, og derfor retter og kanaliserer sin seksuelle energi til at nå åndelige mål.

Men det er tydeligt i Tantrasara, at manden ejakulerer i kvinden; mens han gør det, siger han en specifik bøn, der sammenligner hans ejakulation med en ofring: "Atmans ild er blevet gjort flammende ved at ofre klaret smør; ved hjælp af min tankeske er jeg altid optaget af at ofre mine sansers modalitet gennem susumna-kanalerne." Denne bemærkning betyder, at sadhakaen opfatter sin ejakulation som en del af en proces, der vækker kundalini-shakti, ikke at han tilbageholder sin sæd. Seksuel handling, der er velforstået eller måske passende værdsat, snarere end sublimeret eller indskrænket seksuel aktivitet, vækker kundalini. Seksuelle billeder har en symbolsk funktion i Mahavidya-ikonografi og -dyrkelse. Det kan fortolkes i overført betydning som virkelighedens dynamiske polære rytme, samspillet mellem Siva og Sakti, der skaber og gennemsyrer universet.

Ifølge Kularnava-tantraen har universet ikke lighed med cakra, lotus eller tordenkile, men snarere lighed med lingam og yoni, som afspejler formen på Siva og Sakti; hvor som helst de to er forenet, "oplever den hengivne dyb trance [samddhi]." Seksuelle billeder kan også repræsentere fremkomsten af bevidsthed. Seksuel forening kan repræsentere kundalini-saktis opstigning og ekstasen i hendes forbindelse med Siva i sahasrara-cakraet. Seksuel handling synes at være en glimrende metafor for kundalini-rejsning, da begge er meget energiske begivenheder ledsaget af øget bevidsthed. Seksuelle billeder ser ud til at matche den virkelige praksis under visse omstændigheder, som i panca tattva-ceremonien, hvor samleje kan bruges til at aktivere kundalini-sakti.

Der kan dog bruges erstatninger i ritualet, hvilket betyder, at samleje ikke er nødvendigt for kundalini-opvågning. Tantriske skrifter anbefaler af og til, at dette ritual kun bør udføres af personer med en særlig dygtig karakter og heroisk natur. Det ville være en overdrivelse at sige, at eksplicit seksuel aktivitet er nødvendig for Mahavidya-tilbedelse. På den anden side spiller seksuel praksis naturligvis en rolle, og for nogle sadhakaer i visse sammenhænge kan samleje resultere i en dyb åndelig oplevelse.

DØDENS OG SEKSUALITETENS MAGT

Det er bemærkelsesværdigt, at billeder af både sex og død er så udbredte i Mahavidya-skrifterne, og at begge dele ofte sidestilles i afbildningen af en gudinde og i særlige hengivelsesritualer. Især Kali, Tara og Chinnamasta blander ofte begge slags ikonografi i deres ikoner. Tara står oven på Kama og Rati, som kopulerer over et kremeringsbål på et Kangra-billede fra det 18. århundrede. Chinnamasta halshugger sig selv, mens hun står eller sidder på Rati, som har samleje med Kama, og Kali ses ofte kopulere med Siva på et kremeringssted. Det er ikke ualmindeligt, at Chinnamasta står eller læner sig op ad et kopulerende par, der hviler på et kremationsbål. Der er flere eksempler på, at Chinnamasta har seksuel omgang med Siva, mens han bliver kremeret, og hun halshugger sig selv. Dette er kun nogle få af de mest slående eksempler på sammenstillingen af død og seksuelle billeder.

Visse Mahavidya-tekster foreskriver lignende chokerende sammenstillinger i deres beskrivelser af Mahavidya-tilbedelsesritualer. Mantramahodadhih foreslår for eksempel, at en sadhaka, der søger kongedømme, skal sidde nøgen på hjertet af et lig i en krematoriegård og præsentere gudinden for tusind blomster, hver smurt ind i hans sæd, mens han gentager hendes mantra.

Den samme del af litteraturen fortæller om en ceremoni, hvor sadhakaen forestiller sig, at gudinden ligger på brystet af et lig og har sex med sin gemalinde på en femtenbladet lotus, samtidig med at hun har samleje med sadhakaen. I Tara-afsnittet nævner Mantra mahodadhi også et ritual, hvor sadhakaen placerer et menneskekranium på det sted, hvor han vil recitere gudindens mantra. Derefter skal han se på, røre ved og seksuelt tilfredsstille en kvinde, mens han gentager sætningen.

Uddis'a-tantraen indeholder instruktioner til at øge en kvindes sensuelle tiltrækningskraft, som straks efterfølges af love, der kontrollerer sava sadhana (spirituel aktivitet ved hjælp af et lig). Hvad antyder sammenstillingen af sex- og dødsbilleder? Jeg foreslår to fortolkninger. For det første lægger tantrisk sadhana, som er så tæt forbundet med Mahavidya-dyrkelse, vægt på direkte, uformidlet oplevelse. Tantrisk sadhana er som sagt en privat og skjult praksis. Den udføres af en enkelt person på et ensomt sted. Præster er ikke nødvendige, og selvom sadhakaens guru kan være til stede, eller sadhakaen kan deltage i et grupperitual ved sjældne lejligheder, udføres de ritualer, der beskrives i Mahavidya og beslægtede tantriske bøger, typisk af en ensom adept. Skrifterne er også utvetydige med hensyn til mindst ét af målene med sadhana: at blive ét med den gud, der tilbedes, eller at få en vision af guddommen - en transformerende og sandsynligvis intens oplevelse.

Den tantriske sadhaka kan defineres som en person, der ønsker en egentlig religiøs oplevelse og bruger ritualer til at opleve intense følelser og fornemmelser. Både død og sex er voldsomme menneskelige begivenheder, som kan adskille et menneske fra og gøre det sårbart over for samfundets normer og rituel isolation. Begge dele er naturligvis stærkt ritualiserede i næsten alle samfund på grund af de dybe følelser, de fremkalder, og deres tilbøjelighed til at skabe social omvæltning.

Men ingen ceremoni kan sikre, at nogen af disse fundamentale menneskelige fornemmelser bliver tæmmet eller kanaliseret på en ordentlig måde. Døds- og sexbilledernes "eksplosive" karakter er det, der gør dem så afgørende i tantrisk sadhana, som lægger så stor vægt på at opnå transformerende religiøse oplevelser. De er ekstremt potente som symboler til at fremkalde følelser, der kan ændre og modificere en person i dybden; de kan fremkalde den type oplevelse, som sadhakaen ønsker. For det andet afslører sammenstillingen af billeder af død og sex virkelighedens essens som kontinuerlig og samtidig begyndelse - skabelse og ødelæggelse.

Den samtidige visning af sex- og dødsbilleder antyder, at alle skabninger og ting vokser og aftager, fra individuelle organismer til selve det grænseløse univers. Hvis sådanne kontrasterende billeder overrasker os, er det, fordi vi er så vant til at skjule virkelighedens destruktive komponent, at dens uundgåelige manifestation er foruroligende.

At sex- og dødsbilleder "ikke hører sammen", at sammenstillingen er "dårlig smag", er blot en erkendelse af, at vores perspektiv på virkeligheden er forvrænget og urealistisk. De Mahavidya-gudinder, der sammenstiller sex- og dødsbilleder, er symboler på åbenbaring for sadhakaen, som søger udvidet bevidsthed, en bevidsthed om tingenes sandhed, der ikke lefler for ønsketænkning om ens egen dødelighed og skrøbelighed. Det er billeder, der hjælper sadhakaen med at trænge igennem mayas slør (illusion baseret på selvforelskelse).

ANERKENDELSER FOR DET GUDDOMMELIGE FEMININE

Betydningen af feminine billeder og kvinder i Mahavidya og den tilhørende tantriske litteratur er betydelig. Teologisk set er gudinden, eller Sakti, lig med eller overlegen i forhold til en mandlig guddom eller et mandligt princip, som regel Siva. Hun forbindes ofte med skabelsen af universet og menes at gennemtrænge og begrænse det. I Mahadevi-litteraturen giver hun ofte de mandlige guder tilladelse til at bygge, vedligeholde og fortære skabelsen, eller hun udfører selv disse aktiviteter. Individuelle Mahavidya-gudinder vises som erobrende mandlige guder i ikonografien. Kali og Tara står, sidder eller har samleje overskrævs på Siva. Andre Mahavidyas sidder på mænds kroppe. Tripura-sundari sidder oven på Sivas torso, som ligger på en sofa, hvis ben er fire maskuline guddomme. Ingen af mahavidyaerne er vist som en konventionel hinduistisk brud eller ledsager. Selv Lakshmi, som er kendt for sin hengivne og ydmyge rolle som Vishnus brud, er vist alene. Det er også værd at bemærke, at de afhuggede hoveder, der pryder gudindernes kroppe, samt de lig, der ligger under dem, er af hankøn. Man ofrer hankønsdyr, når dyreofring indgår i tilbedelsen.

Desuden understreger Mahavidya og tilknyttede tantriske skrifter ofte betydningen af at respektere kvinder.

Ifølge Kaulavali-tantraen skal alle kvinder ses som

manifestationer af Mahadevi (den store gudinde). Før man fornærmer en kvinde, siger Nila-tantraen, at man skal forlade sine forældre, sin guru og endda guderne. Individuelle damer bliver tilbedt i en række ritualer. Sadhakaen udfører en detaljeret tilbedelse af sin sakti på adskillige stadier i løbet af panca tattva-ritualet, især ved maithuna.

Ifølge Tantrasara begynder han ritualet med mentalt at tilbede gudinden og flere forskellige grupper af kvinder, herunder dansepiger, kapalikaer ("dem, der bærer kranier", en slags religiøse adepter), prostituerede og kvinder fra barber-, vaskemand- og kohyrdekasterne. De er alle lavkastegrupper eller grupper, der befinder sig i et socialt eller religiøst grænseland. Sadhakaen rekrutterer den kvinde, der skal være hans sakti i ceremonien, fra en af disse kategorier. Betydningen af disse kvinders lavkaste- eller grænseposition kan hænge sammen med et bredere tema i ritualet, som bekræfter det, der ofte betragtes som forbudt eller forurenende, som helligt og bruger det til at tilbede gudinden, som gennemtrænger alle ting. Adepten trodser den konventionelle respektorden ved at tilbede kvinder fra lavere kaster eller kvinder, som er socialt eller åndeligt marginaliserede. Ved at ære sådanne kvinder anerkender han deres iboende hellighed som faktiske legemliggørelser af gudinden. Han erklærer det, der normalt foragtes eller undgås, for guddommeligt.

Forestillingen om at tilbede damen som gudinde går igen i alle de ritualer, der er direkte knyttet til Maithuna. Sadhakaen beder hende om at sætte sig på en seng, som han derefter tilbeder som gudindens pitha efter at have udført bhuta suddhi og nyasa på hendes krop for at rense og guddommeliggøre damen. Dette hellige sted afbildes som en lotus, der støttes af den kosmiske slange i dybet af det kosmiske hav, og det siges at være planetens centrum.

Gudinden, symboliseret ved sadhakas sakti, sidder på lotusen. Sadhakaen tilbeder derefter kvindens krop: Han "deponerer" de fem former af Kama-deva, det seksuelle begærs guddom, i hendes lemmer ved hjælp af mantraer. Ved hjælp af mantraer guddommeliggør eller styrker han igen hendes bryster med hellig energi ved at "deponere" guderne Vasanta (som personificerer den lidenskabelige forårssæson) og Kama der. Hendes pande skal være prydet med månen (som det er tilfældet med mange Mahavidya-gudinder), og både hendes højre og venstre side er mættet med hellige væsener.

Sadhakaen tilbeder derefter sin vagina, som har tre kanaler, der forestiller månen, solen og ilden. Vand flyder fra månekanalen, menstruationsvæske flyder fra solkanalen, og frø flyder fra ildkanalen i midten. Ud over sin egen udvalgte guddom bør han tilbede de to gudinder Bhagamala og Bhagamalini (begge navne betyder "at have en krans af yonier"), som bor i shaktis vagina. Han bør også tilbede sin egen penis som Siva på dette tidspunkt. Sammenfattende kan man sige, at sadhakaen rituelt omdanner seksuelle møder til en kosmisk begivenhed, der bringer Siva og Sakti sammen. Uden for rammerne af panca tattva-ritualet diskuterer nogle tantriske skrifter rituel tilbedelse af en kvinde før samleje, hvilket antyder, at den tantriske sadhaka sædvanligvis bør se samleje som et helligt ritual, hvor eller gennem hvilket man opnår sin kosmiske identitet.

Guptasadhana-tantraen instruerer for eksempel adepten i at tilbede sin eller en andens kone ved at vaske hendes fødder med vand og derefter tilbede hendes pande, ansigt, hals, hjerte, navle, bryster og vagina ved at sige hundrede mantraer om hans valgte gud. Under ejakulation skal sadhakaen ofre sin sæd til Siva og visualisere sakti som sin valgte guddom. På samme måde fortæller Kubjika-tantraen sadhakaen, at han skal tilbede sin kone, når hun er beruset og ligger på en seng, uden for rammerne af panca tattva-ritualet. Han skal betragte hende som en gudinde og, mens han reciterer mantraer, røre hendes hjerte med sit hjerte, hendes vagina med sin penis og hendes ansigt med sit ansigt, hvilket repræsenterer Sivas og Saktis forening.

Ifølge Yogini-tantraen er yoni puja, eller vulva-tilbedelse, den fineste af alle teknikker til hengivenhed. Kamakhya-tantraen fortæller sadhakaen, at han skal tilbede gudinden i sin saktis kønsorganer. Maya-tantraen instruerer adepten i at forestille sig, at hans udvalgte gud bor i yonien på en kvinde, "som ikke er hans egen", for at opnå fuldkommenhed. Sarvanandas Sarvollasa-tantra, der citerer Vrhad-yoni-tantraen, omtaler den nedadpegende trekant, yoniens emblem, som havende Brahma, Vishnu og Siva på sine tre sider, såvel som de fleste Mahavidyaer. Kort sagt er trekanten den store gudinde selv, alle guddommes hjemsted, ifølge skrifterne. Kali menes at bo i alle tre sider af trekanten, som svarer til yoni. Tara er på toppen af den, Bhuvanesvari og Tripura-sundari er inde i den, og Bhairavi er ved dens base. Chinnamasta bor i trekantens hul, mens Dhumavati bor i den anden ende (muligvis dybt inde) og kommer ud derfra (måske med menstruation).

Mahakali bor i roden af yonis hår, mens Matarigi bor i hudfolderne under navlen. Kamala og Kamakhya dækker hele regionen. I det samme skrift, der citerer Vrhad-yoni-tantra, er yoni ligeledes forbundet med hellige tirthas ("overgange" eller hellige steder), især visse hellige floder og damme.

Skriften siger også, at tilbedelse af yoni giver samme fortjeneste som at foretage hårde pilgrimsrejser til hellige steder, da yoni indeholder al deres hellige kraft. Kumari puja er en anden populær ceremoni, hvor piger æres.

Præpubertære eller jomfruelige kvinder bliver fodret og får puja i dette ritual. Kvinder fra høje kaster, hovedsageligt brahmaner, nævnes af og til i denne sammenhæng, selv om andre skrifter antyder, at piger fra alle kaster kan komme i betragtning. Selvom det optræder i tantriske og Mahavidya-materialer, er dette ritual ikke specifikt tantrisk eller forbundet med Mahavidyas. Det udføres stadig under Durga Puja, den store efterårsfestival til ære for Durga. Denne ceremoni understreger den underliggende forestilling om, at bestemte damer legemliggør den udbredte guddommelige feminine essens. Det er sandsynligt, at nogle af disse ritualer slet ikke afspejler nogen respekt for kvinder, men blot er eksempler på, at mænd sætter kvinder op som objekter for seksuel længsel. Tantriske ritualer er blevet fordømt af den almindelige hinduistiske kultur som en retfærdiggørelse af seksuel umoral.

Det er dog klart, at disse ritualer passer ind i en meget sofistikeret generel filosofi eller teologi om virkeligheden, og det er derfor uretfærdigt at antyde, at de udelukkende udføres for seksuel tilfredsstillelse eller involverer implicit eller eksplicit misbrug af kvinder. I forskellige tantriske traditioner hævdes det, at kvinder overfører doktrinen og fungerer som lærere eller guruer. Pascimamnaya Kaula-traditionen, som blomstrede i Kashmir og Nepal, er et eksempel. Denne skoles Manthana-bhairava-tantra mener, at der ikke bør gøres forskel på guruen og yoginien (den kvindelige udøver). Hemmeligheden bag al tekst, den største essens i den mundtlige tradition, ligger på yogini'ens læber.

Som følge heraf æres hun som den højeste magt, der skænker nydelse [viden] om tingenes iboende essens.... Yoginien er livmoderen, som den oplyste yogi kommer fra, og hendes mund, som traditionen kommer fra, er den hellige matrix (yoni).... Kernen i Kaula-teorien er den nedre mund (ardbovaktra), som er skabelsens livmoder (yoni). Siva videregav først læren til yoginerne i Pascimamnaya-skolen, som derefter gav den videre fra generation til generation. Antydningen her er, at kvinder, i hvert fald i denne tantriske linje, har haft en vigtig, hvis ikke afgørende, rolle som tantriske lærere. Indvielse af en kvindelig guru fører ifølge Guptasadhana-tantraen til opfyldelse af alle ønsker og er den indviedes store lykke. Pranatosini beskriver de omstændigheder, hvorunder en kvindelig guru kan give indvielse, samt de egenskaber, som en sådan dame skal have, og citerer Rudrayamala.

Sammenfattende synes det indlysende, at kvinder fungerede som guruer i det mindste i nogle tantriske sekter. Selvom gudinder spiller en central rolle i meget tantrisk litteratur, især i Mahavidya-tekster; kvinder siges at blive æret generelt i nogle tantriske tekster og tilbedes ofte som individer; og kvinder siges at være kilden til og overbringere af doktrinen i mindst én tantrisk tradition, er det uklart, i hvilket omfang Mahavidya-materialerne eller endda relaterede tantriske materialer udtrykker kvindelig spiritualitet.

Skrifterne repræsenterer i de fleste tilfælde et maskulint perspektiv og synes at være skrevet af mænd til mænd. Kvinder afbildes ofte som mandlige subjekters objekter, og sadhakaen antages at være mand og hans ledsagerinde kvinde.

Riterne forklares ud fra hans perspektiv. Fordi teksterne er optaget af gudinder, kvindeligt billedsprog og kvinder, og fordi vi ved, at kvinder nogle gange var lærere og fuldgyldige deltagere i tantrisk sadhana, er det muligt, at den spiritualitet, der beskrives i tantriske tekster, afspejler både mænds og kvinders religiøse erfaringer.

I forbindelse med buddhistisk tantrisme har Miranda Shaw hævdet, at det "mandlige blik" og maskulin spiritualitet generelt kan fortolkes til også at repræsentere kvindelig erfaring, eftersom kvinder underviser, deltager aktivt i ritualer sammen med mænd og nogle gange producerer tantriske tekster. Det samme kan siges om hinduistisk tantrisme og især Mahavidya-hengivenhed. Mens mænd skrev langt de fleste tantriske tekster, kan kvinder også have skrevet nogle af dem, da de nogle gange var lærere. Det er også sandsynligt, som Shaw har argumenteret for i forbindelse med buddhistisk tantra, at mandlig spiritualitet, som den kommer til udtryk i litteratur skrevet af mænd, blev påvirket af kvindelig religiøs erfaring, især når begge køn var fuldgyldige deltagere i tantriske ritualer.

Men jeg er endnu ikke stødt på nogen hinduistiske tantriske tekster, der eksplicit diskuterer eller beskriver tantriske ritualer fra et kvindeligt perspektiv. I løbet af min forskning spurgte jeg forskere og informanter, om de kendte til nogen Mahavidyas eller hinduistisk tantrisk materiale skrevet af, til eller om kvinder. Det var der ingen, der gjorde. Det betyder ikke, at sådanne tekster ikke findes. Miranda Shaws nye undersøgelse af tantrisk buddhisme er oplysende i denne henseende og viser, hvordan kvindelige kilder næsten helt er blevet overset af buddhistiske forskere. akademikere inden for hinduisme synes ikke at have været lige så flittige som buddhistiske akademikere i deres søgen efter skrifter med kvindelige forfattere eller beskrivelser af kvindelig spiritualitet. Vi kan kun håbe, at hinduistiske tantriske skrifter med kvindelige forfattere snart vil blive opdaget.

ANTI-HELTENS GAVE TIL ÅNDELIG FRIGØRELSE

Endelig, hvorfor skulle nogen ønske at forbinde sig med, eller endda blive (i tantra-logik), en gudinde som Kali, Chinnamasta, Dhumavati, Bhairavi eller Matarigi, som hver især kraftfuldt symboliserer marginale, forurenende eller socialt undergravende kvaliteter? Disse gudinder er skræmmende, dødbringende og frastødende. De bringer ofte samfundets orden i fare. De bringer tvivl om normative samfundsmæssige "goder" som verdslig komfort, sikkerhed, respekt og ære på grund af deres betydelige forbindelser med død, vold, forurening og foragtede marginale sociale positioner.

At søge at identificere sig med eller blive ét med disse gudinder indebærer, at sadhakaen anser marginalitet, sociale tabuer og det forbudte generelt for at være åndeligt foryngende eller befriende.

Hvor ligger den potentielt frigørende kraft i sociale antimodeller? Som jeg har sagt adskillige gange i denne bog, skal løsningen sandsynligvis findes i specifikke hinduistiske tantriske betoninger.

Disse gudinder "passer" til logikken i visse dele af tantra, især venstrehånds-tantra, hvor et af de primære mål er at udvide sin bevidsthed ud over det almindelige, at frigøre sig fra accepterede samfundsnormer, roller og forventninger.

Adepten søger at frigøre sin bevidsthed fra de nedarvede, påtvungne og sandsynligvis hæmmende kategorier af korrekt og upassende, godt og dårligt, forurenet og rent ved at undergrave, håne eller afvise konventionelle sociale normer, hvilket synes at være målet med panca tattva-ritualet.

Et af de primære mål med venstrehånds-tantra er at overvinde det, der kaldes kategorihærdning. At leve sit liv efter regler om renhed og forurening, kaste og klasse, og hvilke mennesker man må eller ikke må interagere med socialt, kan skabe en følelse af fængsel, som man kan ønske at slippe ud af.

Måske letter Mahavidyas mere marginale, bizarre, "outsider"-gudinder denne flugt som sociale antimodeller, der effektivt kan forflytte et individ. Den indviede kan opleve en udvidet eller frigjort bevidsthed ved at identificere sig med en af dem; ved at forbinde sig med de forbudte eller udstødte kan en indviet få et nyt og forfriskende perspektiv på respektabilitetens og forudsigelighedens fængsel.

Tantriske adepter kan se ærværdige sociale værdier, kulturelle normer og accepterede betydningsrammer gennem øjnene på en forurenet, kulturelt perifer person af lav kaste (Matarigi) eller en uheldig, marginaliseret enke, der bliver undgået som et dårligt varsel (Dhumavati).

At indtage et sådant synspunkt, at blive en af disse gudinder, kan kræve eller antyde en identitetsændring, hvor stive kategorier kasseres, og hvor følelser, intellekt og ånd strækkes på spændende måder.

Don't miss out!

Visit the website below and you can sign up to receive emails whenever Kiran Atma publishes a new book. There's no charge and no obligation.

https://books2read.com/r/B-A-XCMAB-VITRE

BOOKS 2 READ

Connecting independent readers to independent writers.

About the Author

Kiran Atma er født som hindu og har været praktiserende hedning og heks, siden han kom i puberteten. Kiran fortsætter med at undersøge, studere og analysere den historie og nutidige praksis, der er forbundet med hans tro og håndværk, som det ses over hele verden, mens han deler det samme med det bredere samfund. Kirans arbejde håber at kunne hjælpe dig med at udvide din bevidsthed og uddybe din forståelse af disse rige områder af viden, spiritualitet og kulturel mangfoldighed, som han har fundet så fascinerende.

Read more at https://www.kiranatma.com/.